ⓦ 완자

공부력

KB118857

ⓠ 왜 공부력을 키워야 할까요?

쓰기력

정확한 의사소통의 기본기이며 논리의 바탕

연필을 잡고 종이에 쓰는 것을 괴로워한다!
맞춤법을 몰라 정확한 쓰기를 못한다!
말은 잘하지만 조리 있게 쓰는 것이 어렵다!
그래서 글쓰기의 기본 규칙을 정확히 알고
써야 공부 능력이 향상됩니다.

어휘력

교과 내용 이해와 독해력의 기본 바탕

어휘를 몰라서 수학 문제를 못 푼다!
어휘를 몰라서 사회, 과학 내용 이해가 안 된다!
어휘를 몰라서 수업 내용을 따라가기 어렵다!
그래서 교과 내용 이해의 기본 바탕을
다지기 위해 어휘 학습을 해야 합니다.

독해력

모든 교과 실력 향상의 기본 바탕

글을 읽었지만 무슨 내용인지 모른다!
글을 읽고 이해하는 데 시간이 오래 걸린다!
읽어서 이해하는 공부 방식을 거부하려고 한다!
그래서 통합적 사고력의 바탕인 독해 공부로
교과 실력 향상의 기본기를 닦아야 합니다.

계산력

초등 수학의 핵심이자 기본 바탕

계산 과정의 실수가 잦다!
계산을 하긴 하는데 시간이 오래 걸린다!
계산은 하는데 계산 개념을 정확히 모른다!
그래서 계산 개념을 익히고 속도와 정확성을
높이기 위한 훈련을 통해 계산력을 키워야 합니다.

세상이 변해도
배움의 즐거움은
변함없도록

시대는 빠르게 변해도
배움의 즐거움은
변함없어야 하기에

어제의 비상은
남다른 교재부터
결이 다른 콘텐츠
전에 없던 교육 플랫폼까지

변함없는 혁신으로
교육 문화 환경의 새로운 전형을
실현해왔습니다.

비상은 오늘, 다시 한번
새로운 교육 문화 환경을 실현하기 위한
또 하나의 혁신을 시작합니다.

오늘의 내가 어제의 나를 초월하고
오늘의 교육이 어제의 교육을 초월하여
배움의 즐거움을 지속하는 혁신,

바로, 메타인지학습을.

상상을 실현하는 교육 문화 기업 비상

메타인지학습
초월을 뜻하는 meta와 생각을 뜻하는 인지가 결합된 메타인지는
자신이 알고 모르는 것을 스스로 구분하고 학습계획을 세우도록 하는
궁극의 학습 능력입니다. 비상의 메타인지학습은 메타인지를 키워주어
공부를 100% 내 것으로 만들도록 합니다.

공부력

속담·한자 성어·관용어 카드

이 책에 나오는 **속담**, **한자 성어**, **관용어 카드**입니다.
배운 내용을 떠올리며 카드 놀이를 해 보세요.

속담

달도 차면 기운다

속담

콩으로 메주를 쑨다 해도 곧이듣지 않는다

속담

입술에 침도 마르기 전에 돌아앉는다

한자 성어

초 지 일 관

初	志	一	貫
처음	뜻	하나	이루다

속담

남의 잔치에 감 놓아라 배 놓아라 한다

한자 성어

일 거 양 득

一	擧	兩	得
하나	들다	둘	얻다

속담

남의 흉이 한 가지면 제 흉은 열 가지

한자 성어

전 광 석 화

電	光	石	火
번개	빛	돌	불

아무리 사실대로 말해도
믿지 않는다.

세상 모든 일이
한번 세력이 커지면
다시 약해지기 마련이다.

처음에 세운 뜻을
끝까지 밀고 나가다.

서로 약속이나 다짐을
하고 나서 금방 태도를
바꾸어 행동하다.

한 가지 일을 하여
두 가지 이익을 얻는다.

자신과 상관없는 일에
쓸데없이 관여하고 나서다.

매우 짧은 시간
또는 매우 빠른 움직임

쓸데없이 남의 흉을 보지
말아야 한다.

대부분 숨겨져 있고
겉으로 드러나는 것은
극히 일부분이다.

먼 앞날까지 내다보고
세우는 크고 중요한 계획

양심에 근거를 두다.

온갖 어려움을 다 겪으며
심하게 고생하다.

입이 매우 무거워 이야기를
함부로 옮기지 않는다.

사람이 보다 나은 방향으로
변하여 전혀 딴사람처럼
되다.

말이나 행동을
하지 못하고
먼저 눈물을 흘리다.

어떤 일을 마치 자기 일처럼
적극적으로 나서서 하다.

카드 활용 방법

❶ 카드 앞면에는 속담, 한자 성어, 관용어가, 카드 뒷면에는 뜻이 적혀 있어요.
❷ 카드를 점선을 따라 자른 후, 카드링으로 묶어요.
❸ 친구와 함께 문제를 내고 답하며 즐겁게 놀아요.

한자 성어

백 년 대 계

百	年	大	計
일백	해	크다	세다

관용어

빙산의 일각

한자 성어

천 신 만 고

千	辛	萬	苦
일천	맵다	일 만	쓰다

관용어

가슴에 손을 얹다

한자 성어

환 골 탈 태

換	骨	奪	胎
바꾸다	뼈	잃다	처음

관용어

입이 천 근 같다

관용어

발 벗고 나서다

관용어

눈물이 앞서다

W 완자

공부력

초등 전과목
어휘 5B

초등 전과목 어휘
5-6학년군 구성

- 5A, 5B, 6A, 6B -

국어 교과서

✔ 문학

서술 | 빗대다 | 함축 | 암시 | 전형적 등

24개 어휘 수록

✔ 문법

친밀감 | 단절 | 정체성 | 막론하다 | 가급적 등

8개 어휘 수록

✔ 읽기

편향 | 그르다 | 선입견 | 허위 | 창의 등

8개 어휘 수록

✔ 말하기, 쓰기

모색 | 구체적 | 객관적 | 호소력 | 보편화 등

28개 어휘 수록

사회 교과서

✔ 사회·문화

과도 | 달갑다 | 은은하다 | 미개 | 성취 등

20개 어휘 수록

✔ 환경, 법, 정치

처벌 | 주권 | 소수 | 선출 | 집행 등

44개 어휘 수록

✔ 지역, 지리

거주 | 희박하다 | 재구성 | 매장량 | 비옥 등

12개 어휘 수록

✔ 역사

축조 | 신분 | 번성 | 풍자 | 창설 등

28개 어휘 수록

5~6학년 교과서에 나오는 필수 어휘를
과목별 주제에 따라 배우며 실력을 키워요!

수학 교과서

✔ 수

분배 | 무수하다 | 최소한 | 나열 | 기원 등
16개 어휘 수록

✔ 도형

맞붙이다 | 불문 | 거대 | 수직 | 성립 등
16개 어휘 수록

✔ 측정, 그래프, 통계

비율 | 항목 | 구하다 | 애매 | 세밀하다 등
12개 어휘 수록

과학 교과서

✔ 생물, 몸

양분 | 손상 | 지탱 | 침투 | 남짓 등
24개 어휘 수록

✔ 대기, 지구, 우주

상승 | 온난화 | 관측 | 평행 | 감지 등
16개 어휘 수록

✔ 물질, 소리

부패 | 과다 | 팽창 | 동결 | 증가 등
28개 어휘 수록

✔ 에너지, 기술

과열 | 낙하 | 고갈 | 가열 | 훼손 등
36개 어휘 수록

특징과 활용법

하루 4쪽 공부하기

✳ 그림과 한자로
교과서 필수 어휘를
배우고 문제를 풀며
확장하여 익혀요.

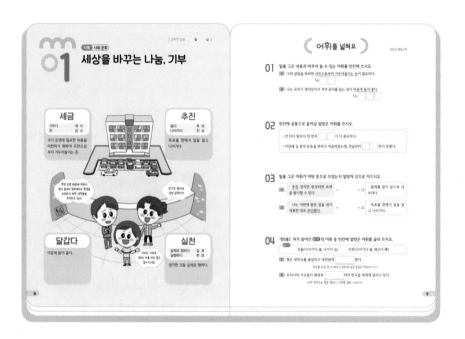

✳ 필수 어휘와 연관된
관용 표현과
문법을 배우고,
교과서 관련 글을
읽으며 어휘력을
키워요.

✅ 책으로 하루 4쪽씩 공부하며, 초등 어휘력을 키워요!

✅ 모바일앱으로 공부한 내용을 복습하고 몬스터를 잡아요!

공부한 내용 확인하기

모바일앱으로 복습하기

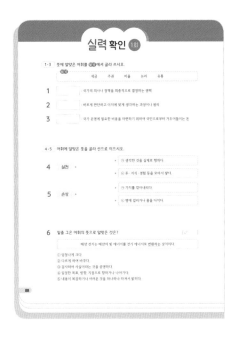

앱 다운받기   책 인증하기

✳ 20일 동안 배운 어휘를 문제로 💡
풀어 보며 자기의 실력을 확인해요.

✳ 그날 배운 내용을 바로바로,
또는 주말에 모아서 복습하고,
다이아몬드 획득까지! 💎
공부가 저절로 즐거워져요!

차례

우리도 하루 4쪽 공부 습관!
스스로 공부하는 힘을
키워 볼까요?

큰 습관이
지금은 그 친구를 이끌고 있어요.
매일매일의 좋은 습관은 우리를 좋은
곳으로 이끌어 줄 거예요.

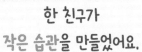

한 친구가
작은 습관을 만들었어요.

매일매일의 시간이 흘러
작은 습관은 큰 습관이 되었어요.

사회 | 사회·문화

세상을 바꾸는 나눔, 기부

세금

| 거두다 | | 세 | 稅 |
| 돈 | | 금 | 金 |

국가 운영에 필요한 비용을 마련하기 위하여 국민으로부터 거두어들이는 돈

추진

| 밀다 | | 추 | 推 |
| 나아가다 | | 진 | 進 |

목표를 향해서 일을 밀고 나아가다.

환경 오염 때문에 세금이 많이 들어서 정부에서는 환경을 보호하기 위한 대책들을 추진하고 있어.

달가운 말이네. 당장 실천하자!

우리도 가까운 거리는 차를 타지 말고 걸어 다녀요.

달갑다

마음에 들어 좋다.

실천

| 실제로 행하다 | | 실 | 實 |
| 실행하다 | | 천 | 踐 |

생각한 것을 실제로 행하다.

01 밑줄 그은 내용과 바꾸어 쓸 수 있는 어휘를 빈칸에 쓰시오.

1 나라 살림을 하려면 <u>국민으로부터 거두어들이는 돈</u>이 필요하다.
↳ ☐☐

2 나는 요리가 재미있어서 저녁 준비를 돕는 일이 <u>마음에 들어</u> 좋다.
↳ ☐☐☐

02 빈칸에 공통으로 들어갈 알맞은 어휘를 쓰시오.

• 천 마디 말보다 한 번의 ☐☐ 이 더 중요하다.

• 아침에 십 분씩 운동을 하려고 마음먹었는데, 첫날부터 ☐☐ 하지 못했다.

03 밑줄 그은 어휘가 어떤 뜻으로 쓰였는지 알맞게 선으로 이으시오.

1 <u>추진</u> 장치만 완성되면 로켓을 발사할 수 있다. •

2 나는 이번에 맡은 일을 내가 계획한 대로 <u>추진</u>했다. •

• ㉠ 물체를 밀어 앞으로 내보내다.

• ㉡ 목표를 향해서 일을 밀고 나아가다.

04 '진(進)' 자가 들어간 보기의 어휘 중 빈칸에 알맞은 어휘를 골라 쓰시오.

보기
진출(나아가다 進, 나가다 出)   진학(나아가다 進, 배우다 學)

1 형은 대학교를 졸업하고 대학원에 ☐ 했다.
학교를 마친 후 더 배우기 위하여 높은 등급의 학교에 가다.

2 우리나라 가수들이 해외로 ☐ 하여 한국을 세계에 알리고 있다.
어떤 방면으로 활동 범위나 세력을 넓혀 나아가다.

05 밑줄 그은 어휘의 뜻을 보기 에서 골라 알맞은 기호를 쓰시오.

> **보기**
>
> **들다**
>
> ㉠ 어떤 일에 돈, 시간, 노력 따위가 쓰이다.
>   예 돈이 많이 들다.
> ㉡ 어떤 범위나 기준 안에 속하다.
>   예 노래를 잘하는 축에 들다.
> ㉢ 어떤 물건이나 사람이 좋게 생각되다.
>   예 그 물건이 눈에 들다.

1 나는 그 자전거가 꼭 마음에 들었다. [✎   ]

2 이삿짐을 옮기는데 시간이 꽤 들었다. [✎   ]

3 나는 키로 우리 반에서 5등 안에 들었다. [✎   ]

06 밑줄 그은 부분과 뜻이 통하는 관용 표현으로 알맞은 것은? [✎   ]

> 민영이는 다른 사람을 돕는 일이라면 무엇이든 적극적으로 실천한다.

① 발을 빼다　　　　② 발이 익다　　　　③ 발을 들여놓다
④ 발 벗고 나서다　　⑤ 발등의 불을 끄다

07 밑줄 그은 한자 성어의 뜻으로 알맞은 것은? [✎   ]

> 골프 선수 박○○은 지금은 세계적으로 유명하지만 어릴 적에는 두각을 나타내지 못했다. 그는 재능이 없다는 말도 들었지만, 세계 대회에서 메달을 따겠다는 목표를 향해 초지일관(初志一貫)으로 노력하였다. 그 결과 지금은 훌륭한 선수가 되어 자신의 목표를 이루었다.

① 지나친 것은 부족한 것과 같다.
② 처음에 세운 뜻을 끝까지 밀고 나가다.
③ 침착하고 느긋함이 가득하고 넉넉하다.
④ 절망에 빠져 자신을 스스로 포기하고 돌아보지 않는다.
⑤ 남의 것을 빼앗기 위하여 상황을 살피며 가만히 기회를 엿보다.

08~10 다음 글을 읽고, 물음에 답하시오. 사회 사회·문화

 '노블레스 오블리주(nobless oblige)'는 프랑스어로 '귀족은 ㉠의무를 갖는다.'라는 뜻이다. 고대 유럽에서 귀족이 사회적으로 모범이 되는 태도를 보인 데서 나온 말로, 오늘날에는 부나 명예를 가진 사람, 즉 사회 지도층이 가져야 하는 사회적 기부와 봉사 정신, 도덕적 책임과 의무를 뜻한다.

 우리나라 경주에서 300년을 이어 온 최 부잣집은 "사방 백 리 안에 굶어 죽는 사람이 없게 하라."라는 말을 가훈으로 여기고, 가난한 사람들에게 재산을 베풀었다. 세계적으로 유명한 기업가 빌 게이츠는 20년간 하루에 약 50억씩 기부했다고 한다. 어떤 기업가들은 세금을 줄여 주겠다는 나라의 정책을 달갑지 않아 하며 자신들과 같은 부자들이 세금을 더 내야 한다고 말한다. '책임 있는 부자'라는 단체는 사회적 책임을 실천하면서 아름다운 세상을 만들기 위한 일들을 추진하고 있다. 이러한 사회 지도층의 행동은 노블레스 오블리주이자, 세상을 바꾸는 나눔으로 볼 수 있다.

08 이 글의 핵심 내용을 파악하여 빈칸에 들어갈 알맞은 말을 쓰시오.

노블레스 오블리주를 실천하는 [   ] 지도층의 행동

09 이 글의 내용과 일치하지 <u>않는</u> 것은? [✏   ]

① '책임 있는 부자' 단체는 사회적 책임을 실천하고 있다.
② 최 부잣집이나 빌 게이츠는 노블레스 오블리주를 보여 준다.
③ 재산을 기부하는 것은 노블레스 오블리주를 실천하는 예이다.
④ 이윤을 남기기 위해서 더 많은 세금을 내겠다고 말하는 기업가들도 있다.
⑤ 노블레스 오블리주는 귀족이 사회적으로 모범이 되는 태도를 보인 데서 나왔다.

10 ㉠의 내용으로 알맞지 <u>않은</u> 것은? [✏   ]

① 봉사 정신 ② 사회적 기부 ③ 도덕적 책임
④ 재산의 축적 ⑤ 도덕적 의무

03
02

과학 에너지

미래의 에너지

무한

| 없다 | 무 無 |
| 제한하다 | 한 限 |

수량이나 정도, 크기에 제한이나 끝이 없다.

일의 효율을 높이기 위해 식사 준비는 나눠서 하자.

효율

| 나타내다 | 효 效 |
| 비율 | 율 率 |

들인 힘과 노력에 비하여 실제로 얻은 효과의 정도를 나타내는 비율

캠핑의 매력은 무한한 것 같아요.

전 체력이 고갈됐어요. 이 의자, 침대로 변환할 수 있죠? 좀 누워 있을게요.

고갈

| 텅 비다 | 고 枯 |
| 물이 없어지다 | 갈 渴 |

다 써서 없어지다.

변환

| 변하다 | 변 變 |
| 바꾸다 | 환 換 |

달라져서 바뀌다. 또는 다르게 하여 바꾸다.

01 밑줄 그은 어휘의 뜻에 맞는 말을 괄호 안에서 골라 ○표를 하시오.

1 이 자동차는 에너지 효율이 높다.

→ 뜻 들인 힘과 노력에 비하여 실제로 (얻은 | 잃은) 효과의 정도를 나타내는 비율

2 너에게는 무한한 가능성이 있다는 걸 믿는다.

→ 뜻 수량이나 정도, 크기에 제한이나 끝이 (없다 | 있다).

02 빈칸에 공통으로 들어갈 알맞은 어휘를 쓰시오.

- 무분별한 개발로 산림 자원이 점점 ☐☐되고 있다.
- 그 작가는 소재가 ☐☐되어서 다음 책을 못 내고 있다.

03 다음 표에서 뜻이 비슷한 어휘를 골라 ○표를 하시오.

1 변환하다

비슷한 뜻

바꾸다 | 꾸미다 | 없애다

2 무한하다

비슷한 뜻

끝없다 | 부족하다 | 유한하다

04 빈칸에 '변하다 변(變)' 자가 들어간 어휘를 쓰시오.

1 이 로봇은 여러 모양으로 변☐☐할 수 있다.

몸의 모양이나 태도가 변하다. 그렇게 변화한 몸

2 날씨가 변☐☐이 심해서 방금까지 비가 왔는데 금방 해가 떴다.

말, 행동, 감정 등이 이랬다저랬다 자주 변하는 것

05 보기를 보고, 〔　〕 안의 말 중에서 표기가 바른 것을 골라 ○표를 하시오.

보기

| 바뀌(다) | + | -어 | ➡ | 바껴(x) | 바뀌어(○) |

'ㅟ' 뒤에 '-어'가 오면 줄어서 'ㅕ'가 되지 않고, 'ㅟ'와 '어'를 살려 적는다.

1 우리나라는 남과 북으로 〔 나뉘 / 나뉘어 〕 있다.

2 드라마 속 주인공이 상대방에게 자신과 〔 사겨 / 사귀어 〕 달라고 애원했다.

3 노래 연습을 많이 했더니 목이 〔 셔서 / 쉬어서 〕 목소리가 잘 나오지 않았다.

06 밑줄 그은 어휘 가운데 보기의 '-성'이 쓰이지 않은 것은?　〔 ✐　〕

보기

-성(性) : '성질'의 뜻을 더하는 말

① 드디어 그림을 완성했다.
② 이 시계는 정확성이 떨어진다.
③ 책을 많이 읽으면 창조성을 키울 수 있다.
④ 이 바지는 신축성이 없어서 입기 불편하다.
⑤ 열 효율성이 높은 난방 기기를 사기로 했다.

07 다음 한자 성어를 활용하는 상황으로 알맞은 것은?　〔 ✐　〕

一	擧	兩	得
하나 일	들다 거	둘 양	얻다 득

'일거양득'은 한 번에 두 가지의 이익을 얻는다는 뜻이다. 뜻이 비슷한 속담으로는 "꿩 먹고 알 먹는다"와 "도랑 치고 가재 잡는다"가 있다.

① 다른 사람을 돕기 위해 손해를 보았다.
② 운동을 하면 기분이 좋아지고 몸도 건강해진다.
③ 지갑을 잃어버렸는데 꼭 사야 할 물건이 생겼다.
④ 일어나지 않을 일에 대해 쓸데없이 걱정을 했다.
⑤ 멋진 옷이 많은데도 좋은 것을 보면 갖고 싶어진다.

08~10 다음 글을 읽고, 물음에 답하시오.　과학 에너지

　우리 생활에 꼭 필요한 에너지는 현재 대부분 화석 연료로 만들어진다. 화석 연료는 땅속에 묻힌 동식물이 오랜 세월에 걸쳐 변한 것으로, 석탄과 석유, 천연가스와 같은 것을 말한다. 문제는 이러한 화석 연료가 무한하지 않고 언젠가는 고갈될 수 있다는 점이다. 또 화석 연료를 사용하면 환경이 오염된다는 문제도 있다. 따라서 ㉠화석 연료 대신 사용할 수 있는 대체 에너지 개발이 활발해지고 있다.

　대체 에너지는 화석 연료 대신 사용할 수 있으면서 환경에 영향을 적게 미치는 새로운 에너지를 뜻한다. 현대 사회는 특히 석유에 대한 의존도가 높다. 그래서 세계 각국에서는 석유를 대체할 만한 연료 효율이 높은 에너지를 개발하는 데 온 힘을 기울이고 있다. 대체 에너지로는 태양에서 나오는 빛과 열을 전기 에너지로 변환하는 태양 에너지, 바람으로부터 얻는 풍력 에너지, 땅의 열로부터 얻는 지열 에너지, 물로부터 얻는 수력 에너지, 핵으로부터 얻는 원자력 에너지, 식물 폐기물이나 음식물 쓰레기로부터 얻는 바이오 에너지 등이 있다.

08 이 글의 핵심 내용을 파악하여 빈칸에 들어갈 알맞은 말을 쓰시오.

{ 　　　　　　　　　　　　를 개발해야 하는 까닭과 그 종류 }

09 ㉠의 까닭으로 알맞은 것은?　[　　　]

① 화석 연료가 필요 없어졌기 때문에
② 화석 연료는 사용하기 불편하기 때문에
③ 화석 연료는 언젠가는 고갈될 수 있기 때문에
④ 화석 연료는 환경에 영향을 미치지 않기 때문에
⑤ 화석 연료를 사용하고 있는 나라가 얼마 없기 때문에

10 다음 설명에 해당하는 대체 에너지로 알맞은 것은?　[　　　]

> 식물 폐기물이나 음식물 쓰레기로부터 얻는 에너지이다.

① 태양 에너지　　　　　　　② 지열 에너지
③ 수력 에너지　　　　　　　④ 바이오 에너지
⑤ 원자력 에너지

국어 말하기

03 발표를 잘하려면

청중

| 듣다 | 청 聽 |
| 무리 | 중 衆 |

강연이나 설교, 음악 따위를
듣기 위하여 모인 사람들

구체적

갖추다	구 具
모양새	체 體
~하는 것	적 的

잘 알 수 있을 만큼 본보기
가 있거나 자세한 것

출판 기념회

'작가와의 만남'

실제

| 사실 | 실 實 |
| 때 | 제 際 |

있는 그대로의 상태나 사실

유기적

있다	유 有
틀	기 機
~하는 것	적 的

각 부분이 서로 밀접하게
관련이 있는 것

01 밑줄 그은 어휘의 뜻에 맞는 말을 괄호 안에서 골라 ○표를 하시오.

1 사람은 다른 사람과 <u>유기적</u> 관계를 맺고 사는 사회적 동물이다.

→ 뜻 각 부분이 서로 밀접하게 관련이 (있는 | 없는) 것

2 나는 친구들에게 운동장을 깨끗이 쓸 수 있는 <u>구체적인</u> 방법을 제시했다.

→ 뜻 잘 알 수 있을 만큼 본보기가 있거나 (자세한 | 간단한) 것

02 빈칸에 공통으로 들어갈 알맞은 어휘를 쓰시오.

• 이 드라마는 ☐☐ 있었던 일을 바탕으로 제작한 것이다.

• 세미는 강하고 차가워 보이지만 ☐☐로는 다정하고 따뜻한 성격이다.

03 다음 표에서 뜻이 비슷한 어휘를 골라 ○표를 하시오.

1 청중

비슷한 뜻

강사 | 대표 | 관객

2 실제

비슷한 뜻

희망 | 사실 | 거짓

04 빈칸에 '무리 중(衆)' 자가 들어간 어휘를 쓰시오.

1 가요는 널리 ☐ 중 이 즐겨 부르는 노래를 이른다.

수많은 사람의 무리

2 선수들이 점수를 낼 때마다 ☐ 중 들은 자리에서 일어나 환호성을 질렀다.

운동 경기 따위를 관람하기 위해 모인 사람들

05 보기를 보고, 빈칸에 들어갈 말은 무엇인지 알맞게 선으로 이으시오.

> **보기**
>
> '실제(사실 實, 때 際)'는 '있는 그대로의 상태나 사실'이라는 뜻이다. 이 어휘와 자주 헷갈리는 어휘로 '실재(사실 實, 있다 在)'가 있는데, 이것은 '실제로 존재하는 것'이라는 뜻이다.

1 외계인이 [   ] 하는 것인지 궁금하다.　•

　•　㉠　실제

2 삼촌은 [   ] 나이보다 훨씬 젊어 보인다.　•

　•　㉡　실재

06 아빠의 상황을 나타낼 수 있는 관용 표현으로 알맞은 것에 ✔표를 하시오.

> 아빠는 컴퓨터를 싸게 판다는 말을 듣고 멀리까지 가서 컴퓨터를 사 오셨다. 하지만 나중에 인터넷에서 알아보니 실제 판매가보다 비싼 값을 주고 컴퓨터를 산 것이었다. 아빠는 이 사실을 알고 무척 억울해하셨다.

☐ **발목을 잡히다**
어떤 일에 꽉 잡혀서 벗어나지 못하다.

☐ **두 다리를 걸치다**
양쪽에서 이익을 보려고 두 편에 다 관계를 가지다.

☐ **바가지를 쓰다**
요금이나 물건값을 실제 가격보다 비싸게 지불하여 억울한 손해를 보다.

07 밑줄 그은 부분과 뜻이 통하는 속담으로 알맞은 것은?　[✐　　]

> 지훈: 우리 다음 축구 경기에서 맞붙을 상대 팀 선수들의 시합을 보러 가자.
> 준우: 좋은 생각이야. 상대에 대해서 구체적으로 알고 자신의 능력과 힘을 잘 알면 싸움에서 언제나 이길 수 있지.

① 백지장도 맞들면 낫다
② 우물에 가 숭늉 찾는다
③ 배부른 고양이는 쥐를 잡지 않는다
④ 자기 배 부르면 남의 배 고픈 줄 모른다
⑤ 적을 잘 알고 자신을 잘 아는 자는 백 번 싸워 백 번 이긴다

08~10 다음 글을 읽고, 물음에 답하시오. 　국어 말하기

　발표는 여러 사람 앞에서 어떤 사실이나 결과, 또는 자신의 생각이나 의견을 말하는 것이다. 발표를 할 때 주의해야 할 점은 무엇일까?

　발표를 잘하기 위해서는 우선 발표 상황은 어떠한지, 발표 목적은 무엇인지, 청중은 누구인지 미리 확인하고 이에 알맞은 내용을 준비해야 한다. 발표 내용은 청중이 이해하기 쉽도록 유기적으로 짜임새 있게 구성해야 한다. 발표 내용에 자신의 경험이나 실제 사례를 포함하면 청중이 발표 내용을 더 잘 이해할 수 있다. 발표 내용을 효과적으로 전달하려면 발표 내용과 관련한 구체적인 *시청각 자료를 준비하면 좋다. 예를 들어 자신이 다녀온 여행지에 대해 발표할 때 사진 자료를 활용하면 여행지의 모습을 한눈에 보여 줄 수 있다. 마지막으로 발표는 여러 사람 앞에서 말하는 것이기 때문에 발표할 때에는 높임 표현을 사용하고, 모두가 들을 수 있게 큰 소리로 또박또박 말해야 한다.

* **시청각**(보다 視, 듣다 聽, 깨닫다 覺): 눈으로 보는 감각과 귀로 듣는 감각

08 이 글의 핵심 내용을 파악하여 빈칸에 들어갈 알맞은 말을 쓰시오.

{ ⬚를 할 때 주의할 점 }

09 이 글로 미루어 보아 발표를 바르지 <u>않게</u> 한 사람을 쓰시오.

> 영진: 발표할 때 큰 소리로 또박또박 말했어.
> 소현: 발표 내용에 맞는 시청각 자료를 준비했어.
> 진우: 발표할 때 친근한 말투로 자유롭게 말했어.
> 나래: 발표 상황, 목적 등을 확인해서 발표 내용을 준비했어.

[✎ 　]

10 청중이 발표 내용을 이해하기 쉽게 설명하는 방법으로 알맞은 것은? [✎ 　]

① 잘 모르는 것에 대해 이야기한다.
② 경험이나 실제 사례를 이야기한다.
③ 어려운 표현을 사용해 감탄하게 한다.
④ 재미있게 꾸민 이야기로 집중하게 한다.
⑤ 발표 주제와 관련 없는 흥미로운 이야기를 한다.

 역사

서울의 궁궐

신분

| 몸 | 신 | 身 |
| 나누다 | 분 | 分 |

개인이 사회에서 갖는 위치
나 지위

웅장하다

| 뛰어나다 | 웅 | 雄 |
| 크다 | 장 | 壯 |

규모가 크고 성대하다.

흥부야, 신분이 바뀌지도
않았는데 어떻게 이런 웅장한
집을 갖게 되었니?

자손도 번성하고
좋은 일이 더 생길 것
같아요.

경사

| 기뻐하다 | 경 | 慶 |
| 일 | 사 | 事 |

축하할 만한 기쁜 일

제비 다리를
고쳐 준 뒤 경사가
자꾸만 생겨요.

번성

| 늘다 | 번 | 蕃 |
| 많다 | 성 | 盛 |

세력이 커져서 널리 퍼지다.

어휘를 넓혀요

01 밑줄 그은 내용과 바꾸어 쓸 수 있는 어휘를 빈칸에 쓰시오.

1 언덕 위의 성당은 멀리서 보아도 <u>규모가 크고 성대</u>했다.

↳ ☐☐했다

2 옛날에는 개인이 사회에서 갖는 <u>위치나 지위</u>에 따라 집의 크기도 결정됐다.

↳ ☐☐

02 밑줄 그은 어휘의 뜻을 보기에서 골라 알맞은 기호를 쓰시오.

보기

경사 { ㉠ 축하할 만한 기쁜 일
㉡ 비스듬히 기울어진 상태

1 삼촌의 결혼은 우리 집안의 <u>경사</u>이다. [✎   ]

2 그 언덕은 <u>경사</u>가 급해서 오르기가 힘들다. [✎   ]

03 빈칸에 들어갈 어휘로 알맞지 <u>않은</u> 것을 골라 ✓표를 하시오.

고려 시대에 불교는 왕실의 도움 아래 ☐☐☐☐☐☐ .

☐성장하였다   ☐쇠퇴하였다   ☐번성하였다   ☐번창하였다

04 빈칸에 '기뻐하다 경(慶)' 자가 들어간 어휘를 쓰시오.

1 우리 집은 ☐ 경 ☐ 마다 대문 앞에 태극기를 단다.

나라의 경사를 축하하기 위하여 국가에서 법으로 정한 날

2 우리 학교는 개교 50주년을 경 ☐ 하는 다양한 행사를 열었다.

경사스러운 일을 축하하다.

05 보기에서 설명한 '-스럽다'를 활용한 어휘로 바르지 <u>않은</u> 것은? [✎]

> **보기**
>
> '-스럽다'는 '그러한 성질이나 느낌이 있다.'의 뜻을 더하는 말이다.
>
> | 경사 | + | -스럽다 | ➡ | 경사스럽다 |
>
> 축하할 만한 기쁜 일   축하하고 기뻐할 만하다.

① 안스럽다   ② 자연스럽다   ③ 조심스럽다

④ 고통스럽다   ⑤ 걱정스럽다

06 보기를 보고, 〔 〕 안의 말 중에서 띄어쓰기가 바른 것을 골라 ○표를 하시오.

> **보기**
>
> | 듯하다 | : 앞말에 대해 그럴 것 같다는 뜻의 한 어휘이다.
>
> 예 이 옷은 내게 작을 듯하다.
>
> | 만하다 | : 앞말에 대해 그럴 만한 가치가 있다는 뜻의 한 어휘이다.
>
> 예 그는 부지런해서 칭찬받을 만하다.

1 아침부터 날씨가 흐린 것이 비가 〔 올 듯하다 / 올듯 하다 〕.

2 이 음식점의 맛은 훌륭해서 멀리서 〔 찾아올 만하다 / 찾아올만 하다 〕.

07 밑줄 그은 부분에 들어갈 속담으로 알맞은 것을 골라 ✔표를 하시오.

> 칭기즈 칸이 세운 몽골 제국은 한때는 동아시아 전역을 지배했을 정도로 번성하여 역사상 최대의 제국이었다. 그러나 그렇게 번성했던 몽골 제국도 "_____"라는 말처럼 150여 년을 유지하다가 나라 안의 갈등으로 멸망하고 말았다.

☐ 하늘의 별 따기
무엇을 얻거나 이루어내기가 매우 어렵다.

☐ 달도 차면 기운다
세상 모든 것이 한번 세력이 커지면 다시 약해진다.

☐ 굳은 땅에 물이 고인다
무슨 일이든 마음을 굳게 먹고 해야 좋은 결과를 얻게 된다.

08~10 다음 글을 읽고, 물음에 답하시오.　　　　　　　　　　사회 역사

서울은 조선이 건국된 이후 600년이 넘는 시간 동안 수도의 역할을 한 도시이다. 그러다 보니 서울에는 우리의 소중한 문화유산이 많이 남아 있다. 조선의 5대 궁궐인 경복궁, 창덕궁, 창경궁, 덕수궁, 경희궁 또한 모두 서울에서 만나 볼 수 있다.

조선의 5대 궁궐 중 가장 규모가 큰 경복궁은 조선을 세운 태조가 한양(서울)을 수도로 정하면서 지은 궁궐이다. 경복궁에는 임금과 왕족, 그들의 생활을 돌보는 사람들이 신분에 따라 다른 건물에서 생활했다. 그리고 왕이 일을 하는 곳, 나라의 경사가 있을 때 잔치를 베푸는 곳, 휴식을 취하는 곳 등 쓰임에 따라 다른 건물을 사용했다. 임진왜란 때 불탔던 경복궁은 고종이 왕실의 번성을 바라는 마음을 담아 다시 지으면서 원래보다 더욱 웅장한 궁궐이 되었다. 창덕궁은 유네스코 세계 문화유산으로 지정된 아름다운 궁궐이며, 창경궁은 왕가의 사람들이 편히 쉬기 위해 지은 별궁이다. 덕수궁은 1897년에 고종이 국호를 '대한'으로 선포한 역사적인 장소이며, 경희궁은 10대에 걸쳐 왕이 머물렀던 궁궐이다.

08 이 글의 핵심 내용을 파악하여 빈칸에 들어갈 알맞은 말을 쓰시오.

서울의 문화유산인 조선의 5대 〔　　　　　　〕

09 경복궁에 대한 설명으로 알맞지 않은 것은? 〔 ✎ 　 〕

① 조선의 5대 궁궐 중 가장 규모가 크다.
② 신분과 쓰임에 따라 다른 건물을 사용했다.
③ 조선을 세운 태조가 한양을 수도로 정하면서 지었다.
④ 임금과 왕족, 그들의 생활을 돌보는 사람들이 지냈다.
⑤ 고종이 임진왜란 때 불탔던 궁궐을 다시 지으면서 규모가 작아졌다.

10 다음 설명에 해당하는 궁궐로 알맞은 것은? 〔 ✎ 　 〕

유네스코 세계 문화유산으로 지정된 아름다운 궁궐이다.

① 경복궁　　　　　② 창덕궁　　　　　③ 창경궁
④ 덕수궁　　　　　⑤ 경희궁

사회 법

05

어린이를 보호하는 속도

서행

| 천천히 하다 | 서 | 徐 |
| 다니다 | 행 | 行 |

사람이나 차가 천천히 가다.

과속

| 지나치다 | 과 | 過 |
| 빠르다 | 속 | 速 |

자동차 등이 정해진 속도보다 지나치게 빠르게 달리다.

도로가 얼어붙어서 서행해야 해요.

맞아요. 이럴 때 과속하면 사고가 일어날 수 있어요.

이러다가 제한 속도를 위반하겠어요. 속도를 줄이는 게 좋겠어요.

주의할게요.

제한

| 멈추게 하다 | 제 | 制 |
| 끝을 정하다 | 한 | 限 |

일정한 정도나 범위를 정하거나, 그 정도나 범위를 넘지 못하게 막다.

위반

| 어기다 | 위 | 違 |
| 어기다 | 반 | 反 |

법률, 명령, 약속 따위를 지키지 않고 어기다.

01 밑줄 그은 어휘의 뜻에 맞는 말을 괄호 안에서 골라 ○표를 하시오.

1 운전자는 골목길을 지날 때 주변을 살피며 <u>서행</u>해야 한다.

→ 뜻 사람이나 차가 (빠르게 | 천천히) 가다.

2 교통사고 예방을 위해 <u>과속</u>하는 운전자에게 벌금을 매기고 있다.

→ 뜻 자동차 등이 정해진 속도보다 지나치게 (빠르게 | 천천히) 달리다.

02 빈칸에 공통으로 들어갈 알맞은 말을 쓰시오.

• 아버지께서는 교통 신호를 [　][　]하여 벌금을 내셨다.

• 경찰이 불법으로 주차한 차량에 주차 [　][　] 스티커를 붙였다.

03 다음 표에서 뜻이 비슷한 어휘를 골라 ○표를 하시오.

1

위반하다

비슷한 뜻

| 살피다 | 어기다 | 지키다 |

2

제한하다

비슷한 뜻

| 막다 | 자유롭다 | 버려두다 |

04 빈칸에 '지나치다 과(過)' 자가 들어간 어휘를 쓰시오.

1 대형 마트에서는 필요 없는 물건도 사게 되어 [과][　][　]를 하기 쉽다.

돈이나 물품 등을 지나치게 많이 소비하는 일

2 형은 이사를 하느라 며칠 무리를 한 탓에 [과][　]로 몸져누웠다.

몸이 고달플 정도로 지나치게 일하여 생긴 피로

05 보기를 보고, 빈칸에 '무(無)-' 자가 들어간 어휘를 쓰시오.

> **보기**
>
> 무(無)- + 제한 ➡ 무제한
>
> 어휘 앞에 '그것이 없다.'라는 뜻을 더하는 말인 '무(無)'가 붙어서 '제한이 없다.'라는 뜻이 된다.

1 형은 다른 사람 일에 [   ]하다.
어떤 대상에 대하여 관심이 없다.

2 거리에 [   ]하게 설치된 간판이 많다.
질서가 없다.

3 이 제품은 불량이면 [   ] 교환이 가능하다.
아무런 조건이 없다.

06 밑줄 그은 속담의 뜻으로 알맞은 것은? [✎   ]

> 엄마: 주원아, 어제 집에 오면 손부터 씻고 옷 갈아입기로 약속하지 않았니?
> 주원: 너무 피곤해서요. 조금만 누워 있다가 씻을게요.
> 엄마: "입술에 침도 마르기 전에 돌아앉는다"라고 하더니, 하루 만에 약속을 지키지 않는구나.

① 속이 빤히 들여다보이는 거짓말을 하다.
② 겉으로만 꾸며서 듣기 좋게 하는 말을 하다.
③ 아무리 익숙하고 잘하는 사람도 가끔 실수한다.
④ 서로 약속이나 다짐을 하고 나서 금방 태도를 바꾸어 행동하다.
⑤ 지난 일은 생각지 못하고 처음부터 그랬던 것처럼 잘난 체한다.

07 다음 한자 성어를 활용한 문장으로 알맞은 것은? [✎   ]

> '전광석화(번개 電, 빛 光, 돌 石, 불 火)'는 번갯불, 부싯돌에서 불빛이 번쩍거리는 것과 같이 매우 짧은 시간, 또는 매우 재빠른 움직임이라는 뜻이다.

① 형은 방바닥에 전광석화같이 꼼짝 않고 누워 있다.
② 장군은 전광석화같이 날쌘 동작으로 칼을 뽑아들었다.
③ 동생은 엄마가 회사에서 돌아오기를 전광석화로 기다렸다.
④ 나는 감기가 심하게 걸려 목이 부어서 밥을 전광석화처럼 먹었다.
⑤ 그는 책을 읽느라 옆에서 불러도 못 듣고 전광석화같이 앉아 있었다.

08~10 다음 글을 읽고, 물음에 답하시오. 　사회 법

어린이 보호 구역은 어린이를 교통사고의 위험으로부터 보호하기 위해 유치원, 초등학교 등의 주변 도로에 지정한 구역을 말한다. 대부분 학교 주변 300~500미터 정도에 구역이 지정되어 있고, 눈에 띄기 쉽게 도로 바닥이 빨간색으로 칠해져 있다. 어린이 보호 구역은 어린이가 안전하게 통학하도록 하고 어린이 교통사고를 예방하는 것을 목적으로 한다.

㉠어린이 보호 구역에는 신호기, 안전표지, 과속을 방지하는 시설이 설치된다. 등하교 시간에는 어린이 보호 구역에 자동차를 세워 둘 수 없으며, 어린이 보호 구역에서 자동차의 운행 속도는 시속 30킬로미터 이내로 제한된다. 어린이 보호 구역에서의 속도를 이렇게 정한 까닭은 운전자가 돌발 상황에 대비할 수 있도록 하고, 교통사고로 인한 어린이의 부상을 줄이기 위해서이다. 그래서 어린이 보호 구역에서 자동차는 서행해야 하며, 법규를 위반할 경우에는 처벌을 받게 된다.

08 이 글의 핵심 내용을 파악하여 빈칸에 들어갈 알맞은 말을 쓰시오.

｛　〔　　　　　　　　　　〕 보호 구역의 목적과 특징　｝

09 ㉠을 정한 목적으로 알맞은 것은? [　✎　]

① 유해 시설 제한
② 어린이 교통사고 예방
③ 학생들의 등하교 시간 단축
④ 학교 주변의 깨끗한 환경 유지
⑤ 선생님의 안전한 통학 공간 확보

10 ㉠의 구체적인 내용으로 알맞지 **않은** 것은? [　✎　]

① 도로 바닥이 빨간색으로 칠해져 있다.
② 등하교 시간에 자동차를 세워 둘 수 없다.
③ 자동차는 시속 40킬로미터로 서행해야 한다.
④ 신호기나 안전표지, 과속을 방지하는 시설이 설치된다.
⑤ 학교 주변 300~500미터 정도의 도로에 지정된 구역이다.

과학 지구

06 뜨거워지는 지구

온난화

따뜻하다	온	溫
따뜻하다	난	暖
되다	화	化

지구의 기온이 높아지는 현상

분석

| 나누다 | 분 | 分 |
| 쪼개다 | 석 | 析 |

내용이 복잡하거나 어려운 것을 하나하나 따져서 밝히다.

온난화가 계속되면 우리 지역에서 사과나무를 키울 수 없게 된대요.

전문가들이 온난화의 원인을 분석한 내용을 보니 인간의 무분별한 개발도 큰 영향을 미친다더라.

공룡이 살던 때 남극은 숲이었단다. 환경 변화로 사라진 공룡을 보며 우리도 경각심을 가져야 해.

남극의 빙하에서 공룡 화석이 많이 발견된대요.

빙하

| 얼음 | 빙 | 氷 |
| 물 | 하 | 河 |

추운 지역에서 눈이 오랫동안 쌓여 만들어진 거대한 얼음덩어리

경각심

주의하다	경	警
깨닫다	각	覺
마음	심	心

위험을 깨닫고 정신을 바로 차리어 주의하는 마음

어휘를 넓혀요

01 빈칸에 공통으로 들어갈 알맞은 어휘를 쓰시오.

세미: 북극의 ☐☐ 가 빠른 속도로 녹고 있대.

용수: ☐☐ 가 녹으면 북극곰은 살 곳을 잃을 거야.

02 밑줄 그은 내용과 바꾸어 쓸 수 있는 어휘를 빈칸에 쓰시오.

1 이 도로에서 사고가 많이 일어나는 까닭을 <u>하나하나 따져서 밝혔다</u>.

↳ ☐☐ 했다

2 환경 오염이 날로 심해지면서 <u>지구의 기온이 높아지는 현상이</u> 계속되고 있다.

↳ ☐☐☐ 가

03 밑줄 그은 어휘의 뜻에 맞는 말을 괄호 안에서 골라 ○표를 하시오.

그 사고는 사람들에게 화재에 대한 <u>경각심</u>을 불러일으켰다.

→ 뜻 (위험 | 소문)을 깨닫고 정신을 바로 차리어 (걱정하는 | 주의하는) 마음

04 빈칸에 '깨닫다 각(覺)' 자가 들어간 어휘를 쓰시오.

1 나는 약속 장소를 ☐ 각 해서 엉뚱한 곳에서 친구를 기다렸다.

어떤 사물이나 사실을 실제와 다르게 잘못 느끼거나 생각하다.

2 체조 선수가 갑자기 균형 ☐ 각 을 잃고 평균대에서 떨어졌다.

눈, 코, 귀, 혀, 피부를 통하여 바깥의 어떤 자극을 알아차리다.

05 보기를 보고, 문장에 알맞은 어휘를 괄호 안에서 골라 ○표를 하시오.

> 보기
>
> 분류 : 여럿을 종류에 따라서 나누다.
>   예 종류에 따라 책을 분류하다.
>
> 분석 : 내용이 복잡하거나 어려운 것을 하나하나 따져서 밝히다.
>   예 그 사건의 원인을 분석하다.

1 옷장의 옷을 계절별로 (분류 | 분석)해서 정리했다.

2 전문가들은 하천으로 흘러든 폐수 성분을 (분류 | 분석)해서 발표했다.

06 밑줄 그은 부분에 들어갈 내용으로 알맞은 것은?   [✎   ]

> '빙산'은 빙하에서 떨어져 나와 호수나 바다에 흘러 다니는 얼음덩어리인데, 물 위에 나와 있는 부분보다 물속에 잠긴 부분이 훨씬 더 크다고 한다. 그래서 '빙산의 일각'은 '_____'라는 뜻으로 쓰인다.

① 두드러지게 드러나다.

② 매우 안타깝게 기다리다.

③ 본심을 감추고 그렇지 않은 것처럼 꾸미다.

④ 건드려서는 안 될 것을 공연히 건드려 큰 화를 불러일으키다.

⑤ 대부분 숨겨져 있고 밖에 나타나 있는 것은 극히 일부분에 지나지 않다.

07 다음 한자 성어를 활용한 문장으로 알맞지 <u>않은</u> 것은?   [✎   ]

一	罰	百	戒
하나 일	벌하다 벌	일백 백	경계하다 계

'일벌백계'는 한 사람을 벌주어 백 사람을 경계한다는 뜻으로, 다른 사람들에게 경각심을 불러일으키기 위해 본보기로 한 사람에게 엄한 처벌을 하는 일을 말한다.

① 불법으로 돈을 빌려준 은행원을 <u>일벌백계</u>하기로 했다.

② 검찰은 <u>일벌백계</u>의 본보기로 범죄자를 엄하게 처벌했다.

③ 조선 시대에도 뇌물에 관한 사건은 <u>일벌백계</u>로 다스렸다.

④ 그는 지난 일을 <u>일벌백계</u> 삼아 하루하루 반성하며 살고 있다.

⑤ 학교 질서를 확실히 다지기 위해 이번 일은 <u>일벌백계</u>로 다스리겠다.

08~10 다음 글을 읽고, 물음에 답하시오.   과학 지구

　환경 문제를 말할 때 지구 온난화는 빠지지 않는 문제이다. 지구는 왜 점점 뜨거워지고 있는 것일까? 지구 온난화의 원인을 분석한 결과를 보면, 석유나 석탄과 같은 화석 연료를 사용할 때 배출되는 이산화 탄소가 가장 큰 원인이라고 한다. 이산화 탄소가 마치 온실처럼 지구를 감싸고 있어서 태양으로부터 받은 열이 지구 밖으로 빠져나가지 못해 지구의 기온이 높아지는 것이다.

　지구의 온도가 높아지면 북극의 빙하가 녹고, 녹은 물이 바다로 흘러들어 해수면이 높아진다. 해수면이 높아지면 해안가의 낮은 지대가 물에 잠겨 그곳에 사는 주민들은 살 곳을 잃게 된다. 최근 수년간 지구의 빙하는 1미터 이상 낮아졌고, 빙하가 녹는 속도도 빨라지고 있다. 이 외에도 온난화는 기후 변화를 일으키는 등 세계 곳곳에 피해를 주고 있다. 우리는 온난화에 대해 경각심을 가져야 하며, 대체 에너지를 사용하고 산림을 보호하는 등 온난화를 막기 위해 노력해야 한다.

08 이 글의 핵심 내용을 파악하여 빈칸에 들어갈 알맞은 말을 쓰시오.

지구 [　　　　　]의 뜻과 이로 인한 문제점

09 지구 온난화가 일으키는 피해로 알맞은 것은?　[✎ 　]

① 지구의 평균 기온이 내려간다.
② 북극의 빙하가 늘어나 해수면이 낮아진다.
③ 이산화 탄소가 지구를 둘러싸서 숲이 없어진다.
④ 태양으로부터 받은 열이 지구 밖으로 즉각 빠져나간다.
⑤ 해안가의 낮은 지대가 물에 잠겨 주민들이 살 곳을 잃는다.

10 이 글에서 제시한 지구 온난화의 해결 방법으로 알맞은 것은?　[✎ 　]

① 빙하를 줄인다.　　　　　② 산림을 보호한다.
③ 해수면을 높인다.　　　　④ 화석 연료를 사용한다.
⑤ 이산화 탄소 배출량을 늘린다.

사회 역사

07 조선 후기의 문화

보급

| 넓다 | 보 普 |
| 미치다 | 급 及 |

널리 퍼뜨려 많은 사람들에게 골고루 미치게 하여 누리게 하다.

즉흥

| 곧 | 즉 卽 |
| 일다 | 흥 興 |

어떤 준비나 계획 없이 곧바로 일어나는 느낌이나 기분

우리도 여기서 즉흥으로 방송을 만들어 볼까?

인터넷이 보급되면서 개인 방송이 많아지고 있어.

난 사회 풍자나 세계 평화 기원처럼 의미 있는 내용을 담고 싶어.

풍자

| 풍자하다 | 풍 諷 |
| 나무라다 | 자 刺 |

어떤 사람이나 사실을 다른 것에 빗대어 재치 있게 비판하다.

기원

| 빌다 | 기 祈 |
| 바라다 | 원 願 |

바라는 일이 이루어지기를 빌다.

정답과 해설 12쪽

01 밑줄 그은 어휘의 뜻에 맞는 말을 괄호 안에서 골라 ○표를 하시오.

1 피아니스트는 악보도 보지 않고 <u>즉흥</u>으로 곡을 연주했다.

→ 뜻 어떤 준비나 계획 (있이 | 없이) 곧바로 일어나는 느낌이나 기분

2 이 소설은 현대 사회의 문제점을 날카롭게 <u>풍자</u>하고 있다.

→ 뜻 어떤 사람이나 사실을 다른 것에 빗대어 재치 있게 (칭찬하다 | 비판하다).

02 밑줄 그은 어휘의 뜻을 보기 에서 골라 알맞은 기호를 쓰시오.

보기

㉠ 물건이나 돈 따위를 계속해서 대어 주다.

㉡ 널리 퍼뜨려 많은 사람들에게 골고루 미치게 하여 누리게 하다.

1 정부는 홍수로 피해를 입은 주민들에게 생필품을 <u>보급</u>했다. [　　　]

2 조선 후기에는 새 농업 기술이 <u>보급</u>되면서 농작물의 생산량이 늘어났다. [　　　]

03 빈칸에 들어갈 어휘로 알맞지 <u>않은</u> 것에 ✓표를 하시오.

설날에 한 해의 행복을 [　　　　　] 뜻으로 하늘에 연을 날렸다.

☐ 바라는   ☐ 기원하는   ☐ 소원하는   ☐ 포기하는

04 뜻과 예문을 보고, 빈칸에 들어갈 알맞은 글자를 쓰시오.

1 즉 (곧 卽) + [　] { 뜻 어떤 일이 진행되는 바로 그 자리
예문 낚시꾼이 잡은 생선을 _____에서 요리하다.

2 흥 (일다 興) + [　] { 뜻 흥을 느끼는 재미
예문 진우가 바둑에 _____를 붙이다.

어법+표현 다져요

05

보기를 보고, 〔　〕 안의 말 중에서 알맞은 어휘를 골라 ○표를 하시오.

보기

| 바래다 | : 색이 변하여 희미해지거나 누렇게 되다. **예** 종이가 누렇게 바래다. |
| 바라다 | : 어떻게 되었으면 하고 기대하거나 원하다. **예** 시험 합격을 바라다. |

1 나는 친구가 여행에서 일찍 돌아오기를 〔 바라다 / 바래다 〕.

2 햇볕이 강하게 쬐는 곳에 옷을 말려서 옷의 색이 〔 바라다 / 바래다 〕.

06

밑줄 그은 관용 표현의 뜻으로 알맞은 것은?　　　　　　　　〔✎　　〕

> 전동 킥보드 사용이 크게 늘어나면서 관련 사고도 늘어나고 있다. 어제는 인도를 걸어가던 행인이 전동 킥보드를 탄 사람과 부딪쳐 다치는 사고가 일어났다. 이러한 사고가 자주 발생하면서 사람들 사이에서 전동 킥보드 사용 문제가 <u>도마 위에 오르고</u> 있다.

① 효과가 없어지다.　　　　　　　② 문제를 해결하려고 하다.

③ 가졌던 마음이 아주 달라지다.　　④ 잘 정착되어 제대로 이루어지다.

⑤ 어떤 대상이나 문제가 비판의 대상이 되다.

07

다음 속담을 사용할 수 있는 상황으로 알맞은 것은?　　　　　〔✎　　〕

> "쇠뿔도 단김에 빼랬다"라는 속담은 든든히 박힌 소의 뿔을 뽑으려면 불로 달구어 놓은 김에 해치워야 한다는 뜻이다. 즉 어떤 일이든지 하려고 생각했으면 한창 열이 올랐을 때 망설이지 말고 곧바로 행동으로 옮겨야 한다는 말이다.

① 삼촌은 여행 가고 싶은 곳을 몇 달 째 정하지 못하고 있다.

② 서영이는 어릴 때부터 지금까지 꾸준히 피아노 연습을 하고 있다.

③ 나는 영어 공부의 필요성을 느끼고 곧바로 영어 학원에 등록했다.

④ 누나는 심부름을 가면서 여러 번 엄마께 심부름할 내용을 확인했다.

⑤ 찬호는 새해부터 매일 달리기를 하겠다고 결심하고서는 한 번도 하지 않았다.

08~10 다음 글을 읽고, 물음에 답하시오. `사회` `역사`

조선 후기는 서민 문화가 발달한 시기이다. 이 시기의 서민 문화를 대표적으로 보여 주는 것은 한글 소설과 판소리이다. 이전까지의 문학이 양반들을 위한 한문학 중심이었다면, 조선 후기에 이르러서는 서민들을 위한 한글 소설이 널리 보급되었다. 한글 소설은 남녀 간의 사랑이나 신분 제도에 대한 비판을 주로 다루었는데, 당시 서민들의 기원이나 사회에 대한 풍자 등이 담겨 있었다. 대표적인 한글 소설로는 『홍길동전』, 『춘향전』, 『심청전』, 『흥부전』, 『장화홍련전』 등이 있다.

판소리는 소리꾼이 북 장단에 맞추어 몸짓을 섞어 가며 노래로 이야기를 엮어 나가는 한국의 전통 음악이다. 판소리는 소리꾼이 즉흥으로 내용을 더하거나 뺄 수 있고, 관중도 참여할 수 있어서 서민들에게 큰 호응을 얻었다. 시간이 지나면서 양반들도 판소리를 즐기게 되어, 판소리는 서민과 양반 모두에게 사랑받는 문화로 발전했다. 판소리는 원래 열두 마당이 있었으나 지금은 「춘향가」, 「심청가」, 「흥보가」, 「적벽가」, 「수궁가」의 다섯 마당이 전해진다.

08 이 글의 핵심 내용을 파악하여 빈칸에 들어갈 알맞은 말을 쓰시오.

조선 후기에 발달한 서민 문화인 [   ]과 판소리

09 한글 소설에 담긴 내용으로 알맞지 <u>않은</u> 것은? [✎   ]

① 서민들의 기원　　　　　　② 남녀 간의 사랑
③ 양반들의 유학 사상　　　　④ 신분 제도에 대한 비판
⑤ 사회에 대한 풍자와 비판

10 판소리의 특징으로 알맞은 것은? [✎   ]

① 관중은 참여할 수 없다.
② 왕에 대한 이야기를 다룬다.
③ 소리꾼이 탈을 쓰고 이야기를 엮어 나간다.
④ 여러 사람이 돌아가면서 이야기를 지어 낸다.
⑤ 소리꾼이 즉흥으로 내용을 더하거나 뺄 수 있다.

08 광고, 제대로 알자

무료

없다	무	無
즐기다	료	聊

흥미 있는 일이 없어 심심하고 지루하다.

창의

시작하다	창	創
생각	의	意

지금까지 없던 새로운 것을 생각하여 냄. 또는 그런 생각

무료한 일상을 벗어나 미술관에 오니 정말 좋다.

작가의 창의가 엿보인다. 작품 설명도 간결해서 이해하기 쉬워.

저 작품은 허위 사실을 말하는 사람의 입을 표현한 거래.

허위

헛되다	허	虛
거짓	위	僞

진실이 아닌 것을 진실인 것처럼 꾸민 것

간결하다

간략하다	간	簡
깔끔하다	결	潔

간단하면서도 짜임새가 있다.

어휘를 넓혀요

01 밑줄 그은 내용과 바꾸어 쓸 수 있는 어휘를 빈칸에 쓰시오.

1 이 건축물에서는 가히 놀랄 만한 새로운 생각이 엿보인다.

↳ ☐☐가

2 혜수는 수업 내용을 공책에 간단하면서도 짜임새가 있게 정리한다.

↳ ☐☐하게

02 밑줄 그은 어휘의 뜻을 보기 에서 골라 알맞은 기호를 쓰시오.

보기

무료 ⊢ ㉠ 요금이 없다.
⊢ ㉡ 흥미 있는 일이 없어 심심하고 지루하다.

1 나는 무료한 나머지 소설을 쓰기 시작했다. [✎   ]

2 놀이공원에서 어린이날을 맞아 놀이 시설을 무료로 개방했다. [✎   ]

03 다음 표에서 뜻이 비슷한 어휘를 골라 ○표를 하시오.

1

간결하다

◁ 비슷한 뜻

복잡하다 | 간단하다 | 번거롭다

2

무료하다

◁ 비슷한 뜻

유쾌하다 | 흥미롭다 | 심심하다

04 밑줄 그은 어휘와 뜻이 비슷한 어휘를 골라 ✓표를 하시오.

불이 나지 않았는데 불이 났다고 소방서에 허위로 신고해서 크게 혼이 났다.

☐ 정직   ☐ 진실   ☐ 사실   ☐ 거짓

05 밑줄 그은 어휘에 보기의 '-새'가 쓰이지 않은 것은?　　　　　　　[✎　　　]

> 보기
>
> **-새** : '모양', '상태', '정도'의 뜻을 더하는 말

① 나는 생각을 짜임새 있게 정리했다.
② 칼은 쓰임새에 따라 다양한 종류가 있다.
③ 사람의 생김새가 다르듯 생각도 다 다르다.
④ 엄마는 요새 날마다 공원으로 산책을 다닌다.
⑤ 그의 화려한 차림새는 사람들의 눈길을 끌었다.

06 밑줄 그은 관용 표현의 뜻으로 알맞은 것은?　　　　　　　[✎　　　]

> 수미: 난 요즘 집에서 쿠키 만드는 것에 맛을 붙여서 주말이면 늘 쿠키를 구워.
> 진호: 그래? 난 요즘 일상이 너무 무료한데……. 나도 한번 해 볼까?
> 수미: 쉬운 것부터 시작해 봐. 내가 가르쳐 줄게.

① 무엇인가를 갖고 싶어 하다.
② 마음에 당겨 재미를 붙이다.
③ 호된 고통이나 어려움을 겪다.
④ 일이 뜻대로 되지 않아 기분이 언짢거나 괴롭다.
⑤ 싫고 두려운 상황에서 의욕이나 생각이 없어지다.

07 밑줄 그은 부분에 들어갈 한자 성어로 알맞은 것에 ✔표를 하시오.

> 　　옛날 황제 대신 권력을 쥔 승상이 있었다. 승상은 신하들이 자기를 따르는지 시험하기 위해 사슴을 가리켜 "이것은 말(馬)이다."라고 우겼다. 승상의 권력을 두려워한 대부분의 신하들은 "말이 맞소."라고 했지만, 몇몇 정직한 신하들은 "그것은 말이 아니라 사슴이오."라고 했다. 승상은 사슴이라고 한 신하들을 모두 없앴고, 그 후로 승상의 뜻을 거스르는 사람은 없었다. 이 이야기에서 나온 한자 성어가 '_____'이다.

☐ 주마간산(走馬看山)	☐ 마이동풍(馬耳東風)	☐ 지록위마(指鹿爲馬)
자세히 살피지 않고 대충 대충 보고 지나가다.	남의 말을 귀담아 듣지 않고 지나쳐 흘려버리다.	허위 사실을 끝까지 우겨 서 남을 속이거나 궁지로 몰아넣다.

08~10 다음 글을 읽고, 물음에 답하시오. 국어 읽기

우리는 아침부터 밤까지 수많은 광고를 보고 듣는다. 무료한 시간을 보내기 위해 읽는 잡지에도, 자료를 검색하기 위해 접속한 인터넷 사이트에도 광고가 있다. 이렇게 생활에서 광고에 많이 노출되는 만큼 ㉠광고의 표현 특성을 제대로 아는 것이 중요하다.

광고는 창의가 엿보이는 내용으로 사람들의 흥미나 관심을 끄는 특성이 있다. 또 글이나 그림, 사진, 소리 등을 효과적으로 사용함으로써 주제를 강조한다. 사람들이 광고 내용을 기억하기 쉽도록 간결한 표현을 사용하고, 같은 말을 반복하기도 한다. 우리는 광고에 쓰인 글이 전하는 의미를 생각해 보고, 광고에 쓰인 그림, 사진, 소리 등이 무엇을 뜻하는지 파악해야 한다. 또한 광고가 부풀리거나 감추고 있는 내용은 없는지, 허위로 지어낸 내용은 없는지 따져 보아야 한다. 특히 상업 광고는 사람들을 설득하여 어떤 상품을 사게 하거나 서비스를 이용하게 하는 것이 목적이기 때문에 판매에 유리한 정보는 부풀리고, 소비자에게 불리한 정보는 감추므로 이 점에 유의해야 한다.

08 이 글의 핵심 내용을 파악하여 빈칸에 공통으로 들어갈 알맞은 말을 쓰시오.

{ □□□□□ 의 표현 특성과 □□□□□ 를 파악하는 방법 }

09 ㉠의 내용으로 알맞지 <u>않은</u> 것은? [✐]

① 간결한 표현을 사용한다.
② 같은 말을 반복하기도 한다.
③ 창의적인 내용으로 사람들의 흥미나 관심을 끈다.
④ 글 말고도 그림, 사진, 소리 등을 사용하기도 한다.
⑤ 내용을 부풀리거나 감추지 않고 사실만을 제시한다.

10 이 글을 읽고 알맞은 반응을 보인 사람을 쓰시오.

준영: 광고에 허위 내용은 없는지 따져 봐야겠어.
진호: 광고에 나오는 글에 유행하는 말이 들어 있는지 따져 봐야겠어.
세아: 광고에 쓰인 그림, 사진, 소리는 별다른 의미가 없으니 보지 말아야겠어.

[✐]

가장 기본이 되는 법

입각

서다	입 立
근거가 되는 것	각 脚

어떤 사실이나 주장 따위에 근거를 두고 그 입장에 서다.

수립

세우다	수 樹
서다	립 立

국가, 정부, 제도, 계획 따위를 세우다.

우리나라도 환경 보호에 입각한 대책들을 더 많이 수립하여 실천해야 해요.

갯벌 체험장

환경 오염으로 갯벌이 줄어들고 있대요.

지구 온난화로 인해 물에 가라앉고 있는 섬나라 한 곳은 국민들이 주권을 포기하고 이민을 가기도 했대요. 환경 보호를 지향해야 해요.

주권

주인	주 主
권력	권 權

국가의 의사나 정책을 최종적으로 결정하는 권력

지향

뜻	지 志
향하다	향 向

일정한 목표, 방향, 지점으로 향하거나 나아가다.

01 밑줄 그은 어휘의 뜻에 맞는 말을 빈칸에 쓰시오.

1 우리는 투표를 함으로써 <u>주권</u> 행사를 할 수 있다.

→ 뜻 국가의 의사나 정책을 최종적으로 결정하는 ☐☐

2 판사는 철저히 사실에 <u>입각</u>해서 이번 사건을 판단하겠다고 했다.

→ 뜻 어떤 사실이나 주장 따위에 ☐☐를 두고 그 입장에 서다.

02 빈칸에 공통으로 들어갈 알맞은 어휘를 쓰시오.

- 우리는 합리적인 소비를 ☐☐해야 한다.
- 올림픽은 인류의 평화와 공존을 ☐☐하는 세계적인 축제이다.

03 밑줄 그은 어휘와 뜻이 비슷한 어휘를 골라 ○표를 하시오.

> 우리 고장은 관광지를 개발하려는 계획을 <u>수립했다</u>.

| 어겼다 | 세웠다 | 뒤집었다 | 취소했다 |

04 '주(主)' 자가 들어간 보기 의 어휘 중 빈칸에 알맞은 어휘를 골라 쓰시오.

보기

주최(主催)   주특기(主特技)   주인공(主人公)

현민: 신문사에서 마라톤 대회를 ❶ ☐☐ 한대. 우리도 참여할까?
행사나 모임을 주도적으로 기획하여 열다.

종현: 좋지! 이번 마라톤 대회의 ❷ ☐☐ 은 바로 내가 되겠군!
어떤 일에서 중심이 되거나 주도적인 역할을 하는 사람

현민: 어허, 그게 무슨 소리! 내 ❸ ☐☐ 가 달리기인 거 잊었어?
주로 내세울 만한 특별한 기술이나 기능

어법+표현 다져요

05 【보기】를 보고, 문장에 알맞은 어휘를 괄호 안에서 골라 ○표를 하시오.

> **보기**
>
> | 지양 | : 더 발전된 단계로 나아가기 위해 어떤 것을 하지 않다.
> | | 예 이 화장품은 인공 원료를 지양하고 천연 원료를 고집한다.
>
> | 지향 | : 일정한 목표, 방향, 지점으로 향하거나 나아가다.
> | | 예 우리는 평화 통일을 지향하고 있다.

1 남의 잘못만을 탓하는 자세는 (지양 │ 지향)해야 한다.

2 우리 전통문화도 세계화를 (지양 │ 지향)하는 자세가 필요하다.

3 환경 오염을 막으려면 일회용품 사용을 (지양 │ 지향)해야 한다.

06 다음 밑줄 그은 관용 표현의 뜻으로 알맞은 것은? [✎　　　]

> 미지: 여기 있던 빵, 누가 다 먹었어?
> 동우: <u>가슴에 손을 얹고</u> 난 아니야.

① 근거가 없다.　　　　　　　　　② 이해심이 많다.

③ 마음이 아프다.　　　　　　　　④ 가슴이 두근거리다.

⑤ 양심에 근거를 두다.

07 다음 한자 성어가 밑줄 그은 부분에 들어가기에 알맞은 것은? [✎　　　]

百	年	大	計
일백 백	해 년	크다 대	꾀하다 계

'백년대계'는 백 년 앞을 내다보고 세우는 계획이라는 뜻으로, 당장에 필요한 방안만 생각하기보다 앞일을 미리 준비하여 방법이나 계획을 수립하는 것을 뜻한다.

① 교육은 한 나라의 장래를 결정하는 _____이다.

② 이 건물 공사는 _____로 진행되어 벌써 완공을 앞두었다.

③ 우리 회사는 당장 일손이 부족하여 _____로 사람을 뽑았다.

④ 엄마는 구멍 난 바가지에 _____로 테이프를 붙여 놓으셨다.

⑤ 삼촌은 에어컨을 살지, 선풍기를 살지 _____하여 결정하지 못했다.

다음 글을 읽고, 물음에 답하시오. 　사회　법

　　헌법은 여러 법 중에서 가장 기본이 되는 법으로 모든 법은 헌법에 근거하여 만들어진다. 법이 우리의 일상생활을 규제하고 보호한다면, 헌법은 법의 전체적인 질서를 나타내는 법 위의 법이다. 우리나라 최초의 헌법은 1948년에 제정되어 같은 해 7월 17일에 공포되었다. 1962년 제5차 개정 헌법부터는 헌법을 국민이 직접 결정할 수 있도록 해야 한다는 의견에 입각하여, 국회에서 먼저 의논하고 결정한 후 국민 투표를 하여 헌법 조항들을 정하고 있다.

　　헌법에는 대한민국의 주권이 국민에게 있고, 모든 국민은 법 앞에 평등하며, 모든 권력은 국민으로부터 나온다는 내용과 모든 국민은 인간으로서의 존엄과 가치를 가지며 행복을 추구할 권리를 가진다는 내용이 나온다. 또한 세계 평화와 인류 *공영에 노력하며 침략적 전쟁을 하지 않겠다는 내용도 포함되어 있다. 이외에 대한민국은 통일을 지향하며, 자유 민주적 기본 질서에 입각한 평화적 통일 정책을 수립하고 이를 추진한다는 내용도 포함되어 있다.

＊**공영**(함께 共, 번성하다 榮): 함께 번성하고 풍요로워지다.

08 이 글의 핵심 내용을 파악하여 빈칸에 들어갈 알맞은 말을 쓰시오.

우리나라 [　　　　　]의 제정과 내용

09 이 글의 내용과 일치하지 <u>않는</u> 것은? ［✎　　］

① 헌법은 법의 전체적인 질서를 나타낸다.
② 우리나라 헌법은 1948년에 제정되었다.
③ 모든 법은 헌법에 근거하여 만들어진다.
④ 헌법은 여러 법 중에서 가장 기본이 되는 법이다.
⑤ 우리나라 최초의 헌법은 국민 투표로 결정되었다.

10 우리나라 헌법에 포함된 내용이 <u>아닌</u> 것은? ［✎　　］

① 평화적 통일 정책을 수립한다.　　② 모든 국민은 법 앞에 평등하다.
③ 모든 권력은 국가로부터 나온다.　　④ 세계 평화와 인류 공영에 노력한다.
⑤ 모든 국민은 인간으로서의 존엄과 가치를 가진다.

과학 생물

10

식물에게 꼭 필요한 뿌리

양분

기르다	양 養
나누다	분 分

생물이 살아가기 위해 필요한 영양이 되는 성분

노출

드러나다	노 露
나가다	출 出

겉으로 드러내다.

낙엽이 떨어지기 전에 나무는 양분의 절반을 잎에서 줄기로 옮겨 놓는대.

아직 11월인데, 그렇게 춥니? 눈만 노출되도록 꽁꽁 싸맸네. 호흡하기 불편하지 않아?

난 온몸에 핫팩을 부착했는데도 추워.

호흡

내쉬다	호 呼
마시다	흡 吸

숨을 쉬다.

부착

붙다	부 附
붙다	착 着

떨어지지 않게 붙다.

01 빈칸에 공통으로 들어갈 알맞은 어휘를 쓰시오.

- 기름진 흙에는 ☐☐ 이 많아서 식물이 잘 자란다.
- 음식을 가리지 않고 먹으면 ☐☐ 을 골고루 섭취할 수 있다.

02 밑줄 그은 어휘와 뜻이 비슷한 어휘를 괄호 안에서 골라 ○표를 하시오.

1 현관 앞에 광고지를 <u>부착하지</u> 말아 주세요.

↳ (쌓지 | 붙이지 | 제거하지)

2 여름에 해변에서 맨살을 <u>노출하고</u> 놀았더니 까맣게 탔다.

↳ (숨기고 | 가리고 | 드러내고)

03 밑줄 그은 어휘가 어떤 뜻으로 쓰였는지 알맞게 선으로 이으시오.

1 언니의 회사 동료들은 몇 년이나 <u>호흡</u>을 함께해 온 사이라고 한다. •

• ㉠ 숨을 쉬다.

2 물에 빠진 사람에게 응급조치를 하자 간신히 <u>호흡</u>이 돌아왔다. •

• ㉡ 함께 일을 하는 사람들과 조화를 이루다.

04 '부(附)' 자가 들어간 보기 의 어휘 중 빈칸에 알맞은 어휘를 골라 쓰시오.

보기
부합(붙다 附, 들어맞다 合)   첨부(덧붙이다 添, 붙다 附)

1 지원 서류에 추천서를 ☐☐ 했습니다.

관련된 문서를 덧붙이다.

2 우리 학교는 학생들의 요구에 ☐☐ 하는 교육 프로그램을 운영하고 있다.

여러 가지가 꼭 들어맞다.

05 〔 〕 안에서 '겉' 자가 들어간 어휘의 표기가 바른 것을 골라 ○표를 하시오.

1 나는 시간이 없어 책을 〔 겉핥기 / 겉할기 〕로 보았다.

2 나는 〔 겉치례 / 겉치레 〕보다 안에 담겨 있는 마음을 중요하게 여긴다.

3 나는 칼국수를 먹을 때 〔 겉저리 / 겉절이 〕를 함께 먹는 것을 좋아한다.

06 밑줄 그은 부분과 뜻이 통하는 관용 표현으로 알맞은 것은? 〔 ✎   〕

> 운동 경기에서는 같은 팀 선수들끼리 <u>서로 행동이나 생각을 잘 알고 처리하여 나가는</u> 것이 중요하다.

① 호흡을 돕다   ② 호흡을 맞추다
③ 호흡을 모으다   ④ 호흡을 조절하다
⑤ 호흡을 틀어막다

07 밑줄 그은 속담을 사용할 수 있는 상황으로 알맞은 것은? 〔 ✎   〕

> 우리말에 "<u>간에 가 붙고 쓸개에 가 붙는다</u>"라는 속담이 있다. 기생충이 우리 몸속에 들어오면 간과 쓸개를 오가며 좋은 것만 빼먹는다. 이처럼 자기에게 조금이라도 이익이 되면 체면 없이 이편에 붙었다 저편에 붙었다 하는 사람을 비꼬는 말로 이 속담을 쓴다.

① 친구나 사람을 사귈 때 신중히 하는 경우
② 하기 싫은 일을 친구를 따라 같이 하게 되는 경우
③ 모습이나 상황이 비슷한 친구끼리 서로 돕는 경우
④ 실력이 비슷한 친구들끼리 서로 실력을 겨루는 경우
⑤ 그때그때 자기 이익에 따라 같이 다니는 친구를 바꾸는 경우

08~10 다음 글을 읽고, 물음에 답하시오.   과학 생물

식물에서 뿌리는 땅속으로 파고들어가 식물이 지탱할 수 있도록 식물의 몸을 단단하게 고정하는 역할을 한다. 대체로 식물이 크면 식물을 지탱하는 힘도 커야 되기 때문에 뿌리가 크고, 땅속으로 깊고 넓게 뻗는다. 또 뿌리는 물과 양분을 빨아들여서 식물이 잘 자랄 수 있게 한다. 우리가 즐겨 먹는 당근, 고구마, 무, 인삼 등은 뿌리에 양분을 저장하는 식물이다. 이 식물들의 ㉠뿌리는 주로 음식이나 약으로 사용한다.

뿌리가 땅속으로만 뻗는 것은 아니다. 개구리밥과 같이 물에 떠 있는 식물이 물속에 내리고 있는 뿌리도 있다. 이와 같은 뿌리는 물속의 양분을 흡수하고 식물이 물 위에 잘 떠 있도록 균형을 잡아 준다. 그밖에 뿌리가 땅 밖으로 나와 공기 중에 노출되어 있는 것도 있다. 맹그로브와 같이 진흙에 사는 식물은 진흙 속에 산소가 부족하기 때문에 밖으로 뿌리를 뻗어 호흡한다. 돌담이나 바위 또는 나무줄기에 부착해서 자라는 담쟁이덩굴은 줄기에서 뿌리를 내기도 한다.

08 이 글의 핵심 내용을 파악하여 빈칸에 공통으로 들어갈 알맞은 말을 쓰시오.

식물에서 [   ]가 하는 역할과 여러 가지 [   ]의 예

09 이 글의 내용과 일치하지 <u>않는</u> 것은?   [✎   ]

① 뿌리는 물속에 내리기도 한다.
② 뿌리는 물과 양분을 빨아들인다.
③ 뿌리는 식물이 몸을 지탱할 수 있게 한다.
④ 뿌리가 공기 중에 노출되어 있는 식물도 있다.
⑤ 대체로 식물이 크면 뿌리가 땅속으로 얕고 좁게 뻗는다.

10 ㉠의 예로 알맞지 <u>않은</u> 것은?   [✎   ]

① 무   ② 당근   ③ 인삼
④ 고구마   ⑤ 개구리밥

11 가장 아름다운 비율

이상적

깨닫다	이	理
생각하다	상	想
~하는 것	적	的

생각할 수 있는 범위 안에서 가장 완전하다고 여겨지는 것

비율

견주다	비	比
비율	율	率

둘 이상의 수나 양을 비교해서 서로 몇 배가 되는지 나타내는 관계

정의

정하다	정	定
뜻	의	義

어떤 말이나 사물의 뜻을 뚜렷하게 밝혀 분명하게 정하다.

모호하다

분명하지 않다	모	模
흐릿하다	호	糊

말이나 태도 등이 분명하지 않다.

정답과 해설 16쪽

01 밑줄 그은 어휘의 뜻에 맞는 말을 괄호 안에서 골라 ○표를 하시오.

1 그는 내가 좋은 것인지 싫은 것인지 <u>모호하게</u> 행동했다.

➡ 뜻 말이나 태도 등이 (분명하다 | 분명하지 않다).

2 <u>이상적인</u> 친구의 모습은 서로를 존중하고 아껴 주는 것이다.

➡ 뜻 생각할 수 있는 범위 안에서 가장 (완전 | 심각)하다고 여겨지는 것

02 다음 표에서 뜻이 반대되는 어휘를 골라 ○표를 하시오.

모호하다 ------- 반대의 뜻 ------- 흐릿하다 | 확실하다 | 애매하다

03 빈칸에 공통으로 들어갈 알맞은 어휘를 쓰시오.

• 우리 동아리는 남녀 학생의 [ ] [ ]이 고른 편이다.

• 이번 시험 문제는 객관식 70퍼센트, 서술형 30퍼센트의 [ ] [ ]로 출제되었다.

04 밑줄 그은 어휘와 바꾸어 쓸 수 있는 어휘로 알맞은 것에 ✓표를 하시오.

시연: 국어사전에 '친구'의 뜻을 뭐라고 <u>밝히고</u> 있어?

정문: '가깝게 오래 사귄 사람'이라고 나와 있어.

☐ 이해하고   ☐ 정의하고   ☐ 조사하고   ☐ 발표하고

05 보기를 보고, 괄호 안에서 표기가 바른 어휘를 골라 ○표를 하시오.

> **보기**
>
> 회전율   취업률
>
> '율/률(率)'은 '비율'의 뜻을 더하는 말로, 모음이나 'ㄴ' 받침 뒤에 나오면 '율'로 적고, 나머지 경우에는 '률'로 적는다.

1 사격 연습을 꾸준히 했더니 (명중률 ┆ 명중율)이 높아졌다.

2 이 요리는 너무 쉬워서 초보자도 (실패률 ┆ 실패율)이 적다.

06 ㉠과 같은 표현이 들어 있는 문장이 <u>아닌</u> 것을 골라 ✔표를 하시오.

> ㉠<u>모호한 표현</u>은 문장에서 가리키는 의미가 분명하지 않은 표현이다. 예를 들어 '소금을 적당히 뿌려야 한다.'에서 '적당히'가 모호한 표현이다. 소금의 정확한 양을 나타내지 않았기 때문에 이 문장의 의미는 사람마다 다르게 해석할 수밖에 없다.

1 ☐ 나는 집에 일찍 들어갈 예정이다.
　 ☐ 나는 집에 오후 5시에 들어갈 예정이다.

2 ☐ 조금만 더 가면 목적지가 나온다.
　 ☐ 1킬로미터만 더 가면 목적지가 나온다.

07 밑줄 그은 부분에 들어갈 내용으로 알맞은 것은?　　　[✎　　]

> 옛날 무릉에 살던 어부가 복숭아나무로 가득한 산에서 동굴을 발견했다. 동굴 안으로 들어가자 평화롭고 아름다운 마을이 나타났다. 그 마을 사람들은 전쟁을 피해 피난을 온 사람들로 그곳이 하도 살기 좋아 전쟁이 끝난 것도 모르고 있었다. 어부는 마을 사람들에게 극진한 대접을 받고 며칠 뒤에 자기 마을로 돌아갔다. 이후 어부가 다시 그 마을을 찾으려고 했지만 끝내 찾지 못했다. 그 뒤로 ＿＿＿＿＿＿＿＿＿＿＿＿＿ 을 가리켜 '무릉도원(武陵桃源)'이라고 불렀다.

① 아무것도 없는 빈 곳

② 자기가 태어나서 자란 곳

③ 한 번 빠지면 돌아올 수 없는 곳

④ 사람들이 생활하는 여러 집이 모여 있는 곳

⑤ 현실 세상이 아닌 것처럼 아름답고 이상적인 곳

정답과 해설 16쪽

08~10 다음 글을 읽고, 물음에 답하시오.

수학 측정

사람마다 아름다움에 대한 기준은 다르지만 어떤 대상을 보았을 때 누구나 아름답다고 생각하는 경우가 있다. 이때 우리는 그 대상에서 ㉠황금비가 느껴진다고 한다. 황금비는 사람이 생각하기에 가장 이상적이고 아름다운 비율을 뜻한다.

황금비를 발견한 학자로 고대 그리스의 수학자인 피타고라스와 유클리드가 있다. 피타고라스는 별 모양에서 황금비를 발견했다. 정오각형의 각 꼭짓점을 대각선으로 연결하면 별 모양이 생기는데, 별 모양에서 짧은 선분과 긴 선분이 5:8(= 1:1.6) 비율임을 찾았다. 유클리드는 한 선분을 둘로 나눈 것에서 황금비를 발견했다. 그가 정의한 황금비는 소수 셋째 자리까지 나타낸 1:1.618이다. 황금비는 다비드상, 파르테논 신전 등 다양한 곳에서 찾아볼 수 있다. 그렇지만 이것들에서는 황금비 말고도 다른 비율도 찾을 수 있기 때문에 황금비만 사용했다고 보기에는 모호하다는 의견도 있다.

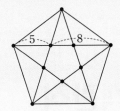

▲ 피타고라스의 황금비

▲ 유클리드의 황금비

08 이 글의 핵심 내용을 파악하여 빈칸에 들어갈 알맞은 말을 쓰시오.

{ 가장 이상적이고 아름다운 비율인 [   ] }

09 ㉠에 대한 설명으로 알맞은 것은? [✎   ]

① 대략 1:1.6의 비율에서 나타난다.
② 고대 로마의 수학자들이 발견했다.
③ 유클리드는 정오각형 안의 별 모양에서 발견했다.
④ 사람이 생각하는 가장 이상적인 숫자를 가리킨다.
⑤ 피타고라스는 한 선분을 둘로 나눈 것에서 발견했다.

10 이 글을 읽고 알맞은 반응을 보인 사람을 쓰시오.

하은: 도형에서는 황금비를 찾을 수 없구나.
준영: 다비드 상과 파르테논 신전에는 황금비만 사용되었구나.
수안: 황금비는 조각상이나 건축물 등 다양한 곳에서 찾아볼 수 있구나.

[✎   ]

12

국어 쓰기

설득하는 글 쓰기

객관적

사람	객 客
보다	관 觀
~하는 것	적 的

자기 생각에 치우치지 않고 있는 그대로 바라보는 것

명료하다

| 밝다 | 명 明 |
| 뚜렷하다 | 료 瞭 |

뚜렷하고 분명하다.

객관적으로 비교했을 때 내가 너보다 잘생겼다는 건 명료한 사실이야.

우리는 쌍둥이인데······. 말에 논리가 없어서 수용하기 힘드네.

논리

| 논하다 | 논 論 |
| 이치 | 리 理 |

바르게 판단하고 이치에 맞게 생각하는 과정이나 원리

수용

| 받다 | 수 受 |
| 받아들이다 | 용 容 |

어떠한 것을 받아들이다.

정답과 해설 17쪽

01 밑줄 그은 내용을 바꾸어 쓸 수 있는 어휘를 빈칸에 쓰시오.

1 그 기자는 <u>있는 그대로</u> 사실을 정확하게 보도했다.

↳ ☐☐☐ 으로

2 강연자는 청중의 질문에 <u>뚜렷하고 분명하게</u> 대답했다.

↳ ☐☐ 하게

02 빈칸에 공통으로 들어갈 알맞은 어휘를 쓰시오.

- 반장의 말은 ☐☐ 가 있어 쉽게 이해된다.
- 선생님께서는 ☐☐ 에 맞게 생각하려면 책을 많이 읽으라고 하셨다.

03 밑줄 그은 어휘가 어떤 뜻으로 쓰였는지 알맞게 선으로 이으시오.

1 외국의 문화를 적극적으로 <u>수용</u>하다. •

• ㉠ 어떠한 것을 받아들이다.

2 이 극장의 <u>수용</u> 인원은 약 이백 명이다. •

• ㉡ 사람이나 물품을 일정한 장소나 시설에 모아 넣다.

04 '수(受)' 자가 들어간 **보기**의 어휘 중 빈칸에 알맞은 어휘를 골라 쓰시오.

보기
수익(받다 受, 이익 益)   수상(받다 受, 상 賞)

1 이 영화는 국제 영화제에서 작품상을 ☐☐☐ 했다.

상을 받다.

2 학생들은 바자회에서 ☐☐☐ 한 돈을 고아원에 기부했다.

이익을 얻다.

05 밑줄 그은 어휘 가운데 보기처럼 '-우-'를 떼어 나눌 수 없는 것은? [✎   ]

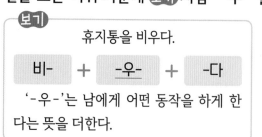

보기

휴지통을 비우다.

| 비- | + | -우- | + | -다 |

'-우-'는 남에게 어떤 동작을 하게 한다는 뜻을 더한다.

① 살을 찌우다.
② 입맛을 돋우다.
③ 웃음꽃을 피우다.
④ 잠자는 아이를 깨우다.
⑤ 어깨가 왼쪽으로 치우다.

06 다음 글에 나온 엄마와 어울리는 관용 표현을 골라 ✔표를 하시오.

엄마는 나와 동생이 아무리 잘못을 해도 다 이해해 주시고, 우리의 의견을 최대한 수용해 주려고 하신다.

☐ 가슴이 넓다

이해심이 많다.

☐ 입이 마르다

같은 말을 여러 번 되풀이해서 말하다.

☐ 퇴짜를 놓다

물건이나 의견 따위를 받아들이지 않고 물리치다.

07 다음 한자 성어가 밑줄 그은 부분에 들어가기에 알맞은 것은? [✎   ]

明	明	白	白
밝다 명	밝다 명	희다 백	희다 백

'명명백백'은 밝고도 밝고, 희고도 희다는 뜻으로 의심할 여지가 없이 아주 뚜렷함을 이르는 말이다.

① 그는 이별을 한 뒤 _____에 빠져 울기만 했다.
② 남을 뒤에서 헐뜯는 것은 _____ 하지 않은 태도이다.
③ 범인은 _____ 한 증거가 나오자 바로 잘못을 인정했다.
④ 나는 건망증이 심해 할 일을 잊어버리는 일이 _____하다.
⑤ 아파트 관리인은 모든 집을 _____ 방문하여 입주민의 동의서를 받았다.

08~10 다음 글을 읽고, 물음에 답하시오.

　㉠논설문은 어떤 현상이나 사회 문제에 대한 글쓴이 자신의 생각이나 의견을 주장하는 글로, 읽는 사람을 설득하는 데 목적이 있다. 논설문을 쓸 때에는 글쓴이의 주장과 근거를 읽는 사람이 이해하기 쉽도록 정확한 어휘를 사용하여 명료하게 표현한다. 또한 읽는 사람이 글쓴이의 주장을 수용할 수 있도록 타당한 근거를 제시해야 한다. 근거는 주장을 뒷받침할 수 있는 객관적인 자료나 정보를 활용하여 구체적으로 설명하는 것이 좋다.

　논설문은 일반적으로 '서론-본론-결론'의 짜임으로 이루어진다. 서론에서는 문제 상황을 제시하고 글을 쓰게 된 동기나 목적을 밝힌다. 본론에서는 글쓴이의 주장과 그에 대한 근거를 논리에 맞게 전개한다. 글쓴이의 생각과 의견을 구체적으로 내세우기 위해 여러 개의 근거를 제시할 수도 있다. 결론에서는 글 전체 내용을 요약하거나 주장을 다시 한 번 강조한다. 읽는 사람에게 당부하는 말을 덧붙일 수도 있다.

08 이 글의 핵심 내용을 파악하여 빈칸에 공통으로 들어갈 알맞은 말을 쓰시오.

{ 　　　　　　　의 특성과 　　　　　　　을 쓰는 방법 　　　}

09 ㉠에 대한 설명으로 알맞지 <u>않은</u> 것은?

① 주장과 근거는 명료하게 표현한다.
② 읽는 사람을 설득하기 위해 쓴 글이다.
③ 하나의 주장에 하나의 근거만 제시한다.
④ 글쓴이의 생각이나 의견을 주장하는 글이다.
⑤ 일반적으로 '서론-본론-결론'의 짜임으로 이루어진다.

10 논설문을 쓸 때 본론에 들어갈 내용으로 알맞은 것은?

① 문제 상황을 제시한다. 　　　　② 글 전체 내용을 요약한다.
③ 글을 쓰는 동기나 목적을 밝힌다. 　④ 주장과 그에 대한 근거를 전개한다.
⑤ 읽는 사람에게 당부하는 말을 덧붙인다.

사회 역사

13 일본에 맞서 싸운 군대

창설

| 시작하다 | 창 創 |
| 세우다 | 설 設 |

기구, 단체, 조직 등을 처음으로 세우거나 만들다.

동참

| 함께 | 동 同 |
| 참여하다 | 참 參 |

어떤 모임이나 일에 같이 참가하다.

항복이야. 더 이상 쏘지 마.

제 친구가 해수욕장을 청소하는 봉사 단체를 창설했대요.

우리도 동참해서 깨끗한 해수욕장 만들기에 협조해 볼까요?

협조

| 돕다 | 협 協 |
| 돕다 | 조 助 |

힘을 보태어 서로 돕다.

항복

| 항복하다 | 항 降 |
| 머리를 숙이다 | 복 伏 |

싸움에 진 것을 상대에게 인정하다.

01 밑줄 그은 어휘의 뜻에 맞는 말을 괄호 안에서 골라 ○표를 하시오.

1 적들은 무기를 버리고 순순히 <u>항복</u>했다.
→ 뜻 싸움에 진 것을 상대에게 (숨기다 | 인정하다).

2 쓰레기 줄이기 운동에 <u>동참</u>하여 지구를 살립시다.
→ 뜻 어떤 모임이나 일에 (혼자 | 같이) 참가하다.

02 빈칸에 공통으로 들어갈 알맞은 어휘를 쓰시오.

- 세계 태권도 연맹은 1973년에 [ ] [ ] 되었다.

- 올해 우리 학교는 새로 축구부, 야구부, 배드민턴부 등을 [ ] [ ] 했다.

03 빈칸에 들어갈 어휘로 알맞지 <u>않은</u> 것에 ✔표를 하시오.

이번 꽃 박람회는 시민들의 [   ] (으)로 무사히 치를 수 있었다.

☐ 도움　　☐ 협력　　☐ 협조　　☐ 압박

04 '동(同)' 자가 들어간 보기의 어휘 중 빈칸에 알맞은 어휘를 골라 쓰시오.

보기
공동(한가지 共, 함께 同)　　동반(함께 同, 짝 伴)

1 할아버지는 할머니와 [   ] 하여 나들이를 가셨다.
어떤 일을 함께하거나 어디에 함께 가다.

2 물건을 [   ] 으로 구매했더니 가격이 훨씬 싸졌다.
여럿이 어떤 일을 함께하거나 같은 자격으로 관계되다.

05 보기를 보고, 빈칸에 '무', '비', '불' 중 알맞은 말을 골라 쓰시오.

> 보기
>
> **무(無)-** : 일부 어휘 앞에 붙어 '그것이 없음'의 뜻을 더한다.
>
> **비(非)-** : 일부 어휘 앞에 붙어 '아님'의 뜻을 더한다.
>
> **불(不)-** : 일부 어휘 앞에 붙어 '아님, 아니함, 어긋남'의 뜻을 더한다.

1 진통제를 맞으니 고통에 [　][감][각]해졌다.

아무런 감정이나 느낌이 없다.

2 사람이 영원히 산다는 것은 [　][가][능]한 일이다.

할 수 없거나 될 수 없다.

3 내가 짠 계획은 친구들의 [　][협][조]로 성공하지 못했다.

서로 힘을 모아 돕지 않다.

06 보기를 보고, 괄호 안에서 띄어쓰기가 바른 것을 골라 ○표를 하시오.

> 보기
>
> **지** : '어떤 일이 있었던 때로부터 지금까지의 동안'을 뜻하는 말이다.
> 예 친구를 만난 지 3년이나 지났다.
>
> **-(으)ㄴ지** : 뒤에 오는 말의 내용에 대한 막연한 이유나 판단을 나타내는 말이다.
> 예 누나는 기분이 좋은지 콧노래를 불렀다.

1 방송국이 (창설된지 ┊ 창설된 지) 십 년이 넘었다.

2 옷이 어찌나 (비싼지 ┊ 비싼 지) 티셔츠 하나만 겨우 샀다.

3 우리 형은 얼마나 (깔끔한지 ┊ 깔끔한 지) 방 안이 항상 정돈되어 있다.

07 밑줄 그은 관용 표현의 공통된 뜻으로 알맞은 것에 ✓표를 하시오.

> • 민호는 형과의 내기에 져서 결국 형에게 <u>무릎을 꿇었다.</u>
> • 왜군들은 이순신 장군의 뛰어난 전투력 앞에 결국 <u>고개를 숙였다.</u>
> • 나와 팔씨름을 하던 수미가 더 이상 못 버티겠다며 <u>백기를 들었다.</u>

☐ 항복하다.　　　☐ 끝까지 싸우다.　　　☐ 희망을 되찾다.

08~10 다음 글을 읽고, 물음에 답하시오. **사회 역사**

삼일 운동 이후, 김구를 비롯한 민족 지도자들은 국내외에서 독립운동을 효과적으로 추진하기 위해 중국 상하이에 대한민국 임시 정부를 세웠다. 임시 정부는 일본에 맞서 싸우려면 정식 군대가 필요하다고 생각했다. 그래서 1940년 중국 정부의 협조를 얻어 중국 각지에 흩어져 있던 독립운동 세력을 모아 ㉠한국광복군을 창설했다. 항일 무장 조직인 조선 의용대와 일본군에 끌려갔다가 탈출한 군인들까지 동참하면서 광복군은 한층 강해졌다.

한국광복군은 연합군의 일원으로 중국군과 협력하여 일본군과 싸웠으며, 영국군의 요청으로 인도와 미얀마 전선까지 나아가 일본에 대항하는 전쟁에 참여했다. 임시 정부는 자주 독립을 이루기 위해서는 우리 힘으로 일본의 항복을 받아 내야 한다고 생각했다. 그래서 한국광복군을 국내에 진입시켜 미군과 함께 일본을 몰아낼 작전을 짰다. 그러나 1945년 8월 15일 일본의 갑작스러운 항복 선언으로 이 작전이 무산되었고, 광복군은 이듬해 해체되었다.

08 이 글의 핵심 내용을 파악하여 빈칸에 들어갈 알맞은 말을 쓰시오.

{ ⬚⬚⬚⬚⬚⬚⬚⬚⬚⬚이 창설된 배경과 주요 활동 }

09 ㉠에 대한 설명으로 알맞지 <u>않은</u> 것은? [✎]

① 대한민국 임시 정부의 정식 군대였다.
② 국내에 진입하여 미군과 함께 일본을 몰아냈다.
③ 조선 의용대, 일본군에서 탈출한 군인들도 동참했다.
④ 중국 각지에 흩어져 있던 독립운동 세력을 모아 만들었다.
⑤ 인도와 미얀마 전선에서 일본에 대항하는 전쟁에 참여했다.

10 대한민국 임시 정부가 가졌던 생각으로 알맞은 것에 ✔표를 하시오.

① ☐ 한국광복군의 힘이 강해질수록 임시 정부는 약해질 것이다.
② ☐ 자주 독립을 이루려면 우리 힘으로 일본의 항복을 받아 내야 한다.
③ ☐ 일본에 맞서 싸우려면 미국의 협조를 얻어 정식 군대를 만들어야 한다.

과학 물질

14 산성과 염기성을 구별해요

긴밀하다

| 꼭 필요하다 | 긴 | 緊 |
| 가깝다 | 밀 | 密 |

서로의 관계가 매우 가깝다.

판별

| 판단하다 | 판 | 判 |
| 나누다 | 별 | 別 |

옳고 그름이나 좋고 나쁨을 판단하여 구별하다.

배가 아파. 공부하느라 스트레스 받아서 그런가? 스트레스와 건강은 긴밀하게 연관돼 있잖아.

스트레스 때문인지 아닌지 내가 판별해 줄게. 내가 보기엔 성질이 차가운 아이스크림을 과다하게 먹어서 그런 것 같은데?

성질

| 바탕 | 성 | 性 |
| 바탕 | 질 | 質 |

사물이나 현상이 가지고 있는 다른 것과 구별되는 특징

과다

| 지나치다 | 과 | 過 |
| 많다 | 다 | 多 |

너무 많다. 지나치게 많다.

 어휘를 넓혀요

정답과 해설 19쪽

01 빈칸에 공통으로 들어갈 알맞은 어휘를 쓰시오.

> "스트레스를 ⬜⬜ 하게 받으면 자꾸 과자를 먹게 돼."
>
> "그렇다고 과자를 ⬜⬜ 하게 먹는 것은 건강에 좋지 않아."

02 다음 표에서 뜻이 비슷한 어휘를 골라 ◯표를 하시오.

1 판별하다
◁ 비슷한 뜻

특별하다 | 구별하다 | 차별하다

2 긴밀하다
◁ 비슷한 뜻

가깝다 | 빠르다 | 모르다

03 밑줄 그은 어휘가 어떤 뜻으로 쓰였는지 알맞게 선으로 이으시오.

1 유리는 <u>성질</u>이 급해서 자주 실수를 한다. ●

● ㉠ 사람이 지닌 마음의 본바탕

2 기름과 물은 서로 섞이지 않는 <u>성질</u>이 있다. ●

● ㉡ 사물이 가지고 있는 다른 것과 구별되는 특징

04 '다(多)' 자가 들어간 보기 의 어휘 중 빈칸에 알맞은 어휘를 골라 쓰시오.

보기
다양(多樣)   다정(多情)   다수결(多數決)

윤호: 친구들과 모임 장소를 정하려는데 ❶ ⬜⬜ 한 의견이 나와서 고민이야.

모양, 색깔, 형태, 종류 따위가 여러 가지로 많다.

민지: 그러면 친구들과 다시 대화해 보고 ❷ ⬜⬜ 로 정하는 건 어떨까?

많은 사람의 의견에 따라 결정을 내리는 일

윤호: 그게 좋겠어. 이렇게 친절하게 답해 주다니, 너 정말 ❸ ⬜⬜ 하구나.

정이 많다.

어법+표현 다져요

05 보기 를 보고, 다음 어휘의 발음을 바르게 쓰시오.

> 보기
>
> 'ㄱ, ㄷ, ㅂ, ㅈ'이 'ㅎ'과 서로 만나면 'ㅋ, ㅌ, ㅍ, ㅊ'으로 소리 난다.
>
> | 국화 | → | [구콰] | | 많다 | → | [만타] |

1 축하 → [✐   ]   **2** 좋다 → [✐   ]

3 급히 → [✐   ]   **4** 옳지 → [✐   ]

06 밑줄 그은 어휘는 '능력' 또는 '힘'의 뜻을 더하는 '-력(力)'이 들어간 것이다. 각 어휘의 뜻을 보기 에서 골라 알맞은 기호를 쓰시오.

> 보기
>
> ㉠ 다른 사람들과 사이좋게 잘 어울리는 능력
>
> ㉡ 옳고 그름이나 좋고 나쁨을 판단하여 구별하는 능력
>
> ㉢ 실제로 경험하지 않은 현상이나 사물에 대하여 마음속으로 그려 보는 힘

1 만화 영화는 어린아이들의 상상력을 길러 준다. [✐   ]

2 날이 어두워지자 적군과 아군에 대한 판별력이 떨어졌다. [✐   ]

3 우리 반 반장은 친화력이 좋아서 반 아이들과 두루두루 친하다. [✐   ]

07 다음 한자 성어를 활용한 문장으로 알맞은 것은? [✐   ]

脣	亡	齒	寒
입술 순	잃다 망	이 치	차다 한

'순망치한'은 입술이 없으면 이가 시리다는 뜻으로, 서로 도우며 떨어질 수 없는 긴밀한 관계를 가리킨다.

① 도둑은 보석을 훔치기 위해 순망치한 기회를 노렸다.

② 동호는 순망치한의 자세로 자신이 저지른 실수를 해결했다.

③ 계획만 거창하게 세웠던 우리는 순망치한의 상황에 빠졌다.

④ 우리 축구팀의 공격수와 수비수는 순망치한처럼 서로를 의지한다.

⑤ 인생은 순망치한이라니까 지금 당장은 힘들어도 좋은 날이 올 거야.

08~10 다음 글을 읽고, 물음에 답하시오.

과학 물질

산성 용액과 염기성 용액은 우리 생활과 긴밀하게 연관되어 있다. 산성 용액에는 식초, 레몬즙, 사이다, 오렌지 주스 등이 있으며 염기성 용액에는 비눗물, 암모니아수 등이 있다. 용액이 산성인지 염기성인지 쉽게 판별하려면 지시약을 이용하면 된다. 지시약은 용액의 성질에 따라 변화가 나타나는 물질로, 리트머스 종이가 있다. 푸른색 리트머스 종이는 산성 용액이 묻으면 붉게 변하고, 붉은색 리트머스 종이는 염기성 용액이 묻으면 푸르게 변한다.

산성 용액과 염기성 용액은 알맞게 섞으면 산성도 염기성도 나타나지 않는 중성이 된다. 이 사실은 실생활에서도 활용할 수 있다. 과일을 씻을 때 식초를 이용하면 염기성인 농약 성분을 없앨 수 있다. 생선회를 먹을 때 회에 레몬즙을 뿌리면 염기성인 생선 비린내가 사라진다. 반대로 벌에 쏘였을 때 피부에 암모니아수를 바르면 붓기가 가라앉는데, 이는 벌침이 대부분 산성이기 때문이다. 또, 화학 비료를 과다하게 사용해 산성이 된 토양에 염기성인 석회를 뿌리면 토양이 중성이 되어 식물이 잘 자란다.

08 이 글의 핵심 내용을 파악하여 빈칸에 들어갈 알맞은 말을 쓰시오.

산성 용액과 [ ] 용액의 구별과 활용

09 다음 중 푸른색 리트머스 종이를 붉은색으로 변화시키지 않는 것은? [✎]

① 식초　　　　　② 레몬즙　　　　　③ 비눗물
④ 사이다　　　　⑤ 오렌지 주스

10 우리 생활에서 산성과 염기성 용액을 활용한 예가 아닌 것을 골라 기호를 쓰시오.

ㄱ 국을 끓일 때 소금을 넣어 간을 맞췄다.
ㄴ 벌에 쏘인 피부에 암모니아수를 발랐다.
ㄷ 과일을 씻을 때 식초를 이용하여 씻었다.
ㄹ 생선회를 먹을 때 회에 레몬즙을 뿌렸다.

[✎]

사회 법

15 인간으로서의 권리

소수

적다	소 少
수량	수 數

적은 수

존엄

높다	존 尊
존경하다	엄 嚴

인물이나 지위가 함부로 다룰 수 없을 만큼 매우 높고 공경할 만하다.

민수도 존엄한 한 명의 사람인데 그런 말은 인권 침해야.

민수가 축구를 못하니까 축구할 때 껴 주지 말자는 소수의 의견이 있어.

민수도 축구할 수 있는 권리를 보장해 줘야지.

인권

사람	인 人
권리	권 權

인간으로서 당연히 가지는 기본 권리

보장

지키다	보 保
막다	장 障

어떤 일이 어려움 없이 이루어지게 확실히 약속을 하거나 보호하다.

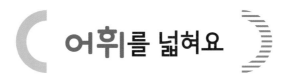

01 밑줄 그은 어휘의 뜻에 맞는 말을 괄호 안에서 골라 ○표를 하시오.

1 회의에서 윤호의 의견에 찬성한 사람은 <u>소수</u>에 불과했다.
→ 뜻 (적은 | 많은) 수

2 선생님께서는 우리 모두를 <u>존엄한</u> 사람으로 대해 주셨다.
→ 뜻 함부로 다룰 수 없을 만큼 매우 (낮고 | 높고) 공경할 만하다.

02 빈칸에 공통으로 들어갈 알맞은 어휘를 쓰시오.

> 모든 사람은 사람으로서 당연히 가지는 권리인 [ ][ ]을 가지고 태어난다. 어린
> 이들에게도 한 사람으로서 마땅히 보호받아야 할 [ ][ ]이 있다.

03 밑줄 그은 내용과 바꾸어 쓸 수 있는 어휘에 ✓표를 하시오.

> 노트북을 사면서 무상 수리를 <u>확실히 약속해</u> 주는지 물어보았다.

☐ 보답해   ☐ 보수해   ☐ 보장해   ☐ 보관해

04 빈칸에 '높다 존(尊)' 자가 들어간 어휘를 쓰시오.

1 가까운 친구일수록 서로 [존][ ]해야 한다.
높이어 귀중하게 대하다.

2 세종 대왕은 국민들에게 가장 [존][ ] 받는 인물로 꼽힌다.
어떤 사람의 훌륭한 인격, 생각, 행동 따위를 높이고 받들다.

05 <u>보기</u>를 참고했을 때, 밑줄 그은 말이 알맞지 <u>않게</u> 쓰인 것은? [✎]

보기

> 인권은 인간<u>으로서</u> 당연히 가지는 기본 권리이다.

'(으)로서'는 '어떤 지위나 신분, 자격'을 나타내는 말이고, '(으)로써'는 '어떤 일의 수단 이나 도구, 재료나 원료'를 나타내는 말이다.

① 콩<u>으로써</u> 두부를 만든다.
② 말<u>로써</u> 천 냥 빚을 갚는다.
③ 민주는 운동<u>으로서</u> 체력을 유지한다.
④ 친구<u>로서</u> 충고하는 것이니 새겨듣길 바라.
⑤ 그는 의사<u>로서</u> 책임을 다해 환자를 돌보았다.

06 밑줄 그은 말에 어울리는 관용 표현으로 알맞은 것은? [✎]

> 유리: 수진아, 너 연기 학원 다녀? 어제 우연히 봤어.
> 수진: 응, 맞아. 다른 친구들한테는 비밀로 해 줘.
> 유리: 당연하지! <u>철저히 비밀을 보장해 줄 테니까 걱정 마.</u>

① 입이 짧다
② 입 안이 쓰다
③ 입 밖에 내다
④ 입이 천 근 같다
⑤ 입에 거미줄 치다

07 밑줄 그은 속담의 뜻으로 알맞은 것은? [✎]

> • 나의 지식은 선생님의 지식에 비하면 <u>새 발의 피</u>에 불과하다.
> • 내가 모은 용돈을 형이 모은 용돈과 비교해 보면 정말 <u>새 발의 피</u>다.
> • 내가 부모님을 도와드린 일은 부모님께서 나를 키우시느라 고생하셨던 일들에 비하면 <u>새 발의 피</u>다.

① 일정한 양
② 비슷비슷한 양
③ 어떤 일을 하는 데 꼭 필요한 양
④ 아주 하찮은 일이나 극히 적은 양
⑤ 아주 중요한 일이나 셀 수 없을 만큼 많은 양

08~10 다음 글을 읽고, 물음에 답하시오. 사회 법

매년 12월 10일은 '세계 인권의 날'이다. 이 날은 1948년 12월 10일에 열린 유엔 총회에서 세계 인권 선언을 발표한 것을 기념하기 위해 지정되었다. 1900년대 초에 두 차례에 걸쳐 세계 대전이 일어나면서, 전 세계적으로 많은 사람들이 인종 차별로 희생되었다. 전쟁 이후 사람들은 누구나 차별 없이 존중받고 보호받아야 한다는 생각을 하게 되었다. 그 결과 유엔 인권 위원회가 조직되고, 세계 인권 선언이 만들어졌다.

세계 인권 선언은 모든 사람이 태어날 때부터 존엄하고 평등한 권리를 가진다는 사실을 바탕으로 한다. 세계 최초로 인권과 기본적 자유가 개개인 모두에게 어디에서든지 적용되는 것임을 알린 것이다. 세계 인권 선언 덕분에 그동안 차별받는 것을 당연하게 여겼던 여성, 어린이, 소수 민족의 권리도 보장해야 한다는 인식이 널리 퍼졌다.

08 이 글의 핵심 내용을 파악하여 빈칸에 들어갈 알맞은 말을 쓰시오.

세계 [   ] 선언이 만들어진 배경과 이 선언의 의의

09 세계 인권의 날에 대한 설명으로 알맞은 것을 골라 기호를 쓰시오.

㉠ 기념일은 매년 12월 12일이다.
㉡ 1900년에 유엔 총회에서 지정하였다.
㉢ 세계 인권 선언을 발표한 것을 기념하는 날이다.

[✎   ]

10 세계 인권 선언이 가지는 의미로 알맞지 <u>않은</u> 것은?   [✎   ]

① 누구나 평등한 권리를 갖고 있음을 알렸다.
② 전 세계적으로 전쟁을 중단시키는 계기가 되었다.
③ 모든 사람은 태어날 때부터 존엄하다는 것을 밝혔다.
④ 기본적 자유가 모두에게 어디에서든지 적용됨을 알렸다.
⑤ 여성, 어린이, 소수 민족의 권리도 보장해야 한다는 인식을 퍼뜨렸다.

16 과학 몸

노폐물을 내보내요

인위적

사람	인	人
이루어지다	위	爲
~하는 것	적	的

자연의 힘이 아닌 사람의 힘으로 이루어진 것

축적

모으다	축	蓄
쌓다	적	積

돈·지식·경험 등을 모아서 쌓다.

난 햇빛을 인위적으로 차단하기 위해 모자를 썼지. 자외선이 축적되면 피부가 손상될 수 있다고.

맞아. 자외선은 피부암 발생에도 관여한다더라. 나는 선글라스까지 챙겼어.

너희 일기 예보 못 봤니? 오늘은 날이 흐린 데다 오후에 비까지 온다던데, 우산은 챙겼어?

손상

상하게 하다	손	損
다치다	상	傷

병에 걸리거나 몸을 다치다.

관여

관계하다	관	關
같이하다	여	與

어떤 일에 관계하여 참여하다.

01 밑줄 그은 내용을 바꾸어 쓸 수 있는 어휘를 빈칸에 쓰시오.

1 김 노인은 살면서 많은 재산을 <u>모아서 쌓았다</u>.
↳ ☐☐했다

2 조화는 아무래도 생화에 비해 <u>사람의 힘으로 이루어진</u> 느낌이 난다.
↳ ☐☐☐인

02 밑줄 그은 어휘가 어떤 뜻으로 쓰였는지 알맞게 선으로 이으시오.

1 이 환자는 사고로 뇌에 <u>손상</u>을 입었다. •

• ㉠ 물건이 깨지거나 상하다.

2 자존심에 <u>손상</u>을 입은 아이는 풀이 죽었다. •

• ㉡ 병에 걸리거나 몸을 다치다.

3 그림을 옮기는 과정에서 액자 모서리 부분이 <u>손상</u>되었다. •

• ㉢ 명예나 체면, 가치 따위가 떨어지다.

03 밑줄 그은 어휘와 뜻이 비슷한 어휘를 괄호 안에서 골라 ○표를 하시오.

1 이 호수는 10년 전에 <u>인위적</u>으로 만든 것이다.
↳ (자연적 | 인공적)

2 우리 부모님은 나의 취미 생활에 <u>관여하지</u> 않는다.
↳ (개입하지 | 강조하지)

04 빈칸에 '관계하다 관(關)' 자가 들어간 어휘를 쓰시오.

1 요즈음 나는 우리나라 전통 춤에 ☐관☐☐을 가지고 있다.

어떤 것에 마음이 끌려 주의를 기울이다. 또는 그런 마음이나 주의

2 우리 가족은 날씨와 ☐☐관☐하게 내일 시골 할머니 댁에 가기로 했다.

관계나 상관이 없다.

어법+표현 다져요

05 보기를 보고, 〔 〕 안의 말 중에서 문장에 알맞은 어휘를 골라 ○표를 하시오.

> **보기**
>
> **쌓이다** : 여러 개의 물건이 겹겹이 포개져 놓이다.
>
> **싸이다** : 물건이 보이지 않게 씌워져 가려지거나 둘려 말리다.

1 책상 위에 책들이 잔뜩 〔 싸여 / 쌓여 〕 있다.

2 생일 선물이 예쁜 포장지로 〔 싸여 / 쌓여 〕 있다.

06 다음 상황에서 미리가 사용할 수 있는 속담으로 알맞은 것은? 〔 ✎ 〕

> 미리: 옆 반에서 「토끼전」으로 연극을 한대.
>
> 진수: 「토끼전」은 동물 탈도 필요하고 용궁 배경도 만들어야 해서 준비하기가 힘들 것 같은데? 내가 옆 반에 가서 다른 연극하라고 말해야겠다.
>
> 미리: 다른 반 일에 괜히 관여하고 나서는 거 아니니?

① 못 먹는 감 찔러나 본다
② 까마귀 날자 배 떨어진다
③ 소문난 잔치에 먹을 것 없다
④ 배나무에 배 열리지 감 안 열린다
⑤ 남의 잔치에 감 놓아라 배 놓아라 한다

07 다음 한자 성어를 활용한 문장으로 알맞지 않은 것은? 〔 ✎ 〕

千	辛	萬	苦
일천 천	맵다 신	일만 만	쓰다 고

'천신만고'는 '천 가지의 매운 것과 만 가지의 쓴 것'이라는 뜻으로, 몸과 마음이 모두 손상될 정도로 온갖 어려움을 다 겪으며 심하게 고생하는 경우를 말한다.

① 작은엄마는 천신만고 끝에 아이를 낳았다.
② 우리는 천신만고로 산을 내려올 수 있었다.
③ 그는 천신만고 끝에 변호사 시험에 합격했다.
④ 내가 응원하는 야구팀이 천신만고 끝에 역전승을 거두었다.
⑤ 동생이 강아지를 키우고 싶다며 천신만고로 고집을 부렸다.

08~10 다음 글을 읽고, 물음에 답하시오.　　　과학 몸

우리는 음식물을 섭취하여 생명을 유지하는 데 필요한 에너지를 얻는다. 우리가 섭취한 음식물이 몸의 에너지로 쓰이고 나면 우리 몸에는 필요 없거나 해가 되는 물질인 노폐물이 남는다. 이 노폐물이 땀과 오줌이 되어 몸밖으로 나가는 과정을 배설이라고 하는데, 우리 몸에서 배설에 관여하는 대표적인 배설 기관으로는 땀샘과 콩팥이 있다.

땀샘은 우리 몸에 축적된 노폐물과 땀을 피부 밖으로 내보낸다. 땀은 피부 표면의 온도를 낮춤으로써 체온을 조절하는 역할도 한다. 콩팥은 신장이라고도 하며, 혈액 속 노폐물을 걸러 내는 일을 한다. 노폐물을 걸러 낸 혈액은 다시 혈관을 통해 순환되고, 혈액에 있던 노폐물은 오줌이 되어 방광에 저장되었다가 일정량이 되면 배설된다. 콩팥은 하루에 대략 1.5리터의 오줌을 만들어 내는데, 이때 엄청난 에너지가 소모된다고 한다. 이런 기능을 하는 콩팥이 손상되면 몸에 노폐물이 쌓여 생명이 위험할 수 있으므로 병원에 가서 인위적으로라도 기계를 이용해 혈액에서 노폐물을 제거해야 한다.

08 이 글의 핵심 내용을 파악하여 빈칸에 공통으로 들어갈 알맞은 말을 쓰시오.

{ 　　　　　의 뜻과 　　　　　기관이 하는 일 }

09 이 글의 내용과 일치하지 <u>않는</u> 것은?　　　[✏　　]

① 대표적인 배설 기관에는 땀샘과 콩팥이 있다.
② 배설에 관여하는 기관을 배설 기관이라고 한다.
③ 노폐물은 우리 몸에 필요 없거나 해가 되는 물질이다.
④ 배설은 섭취한 음식물을 우리 몸의 에너지로 만드는 과정이다.
⑤ 땀은 피부 표면의 온도를 낮추어서 체온을 조절하는 역할도 한다.

10 콩팥이 손상되면 생기는 일로 알맞은 것은?　　　[✏　　]

① 땀이 많이 난다.　　　　　② 체온이 낮아진다.
③ 오줌이 만들어진다.　　　　④ 노폐물이 우리 몸에 쌓인다.
⑤ 땀이 피부 밖으로 나가지 못한다.

17 청나라 여행기

국어 문학

유학 가서 외국의 선진 문물을 배우고 올게요.

선진

| 먼저 | 선 | 先 |
| 나아가다 | 진 | 進 |

발전 단계나 정도가 다른 것보다 앞서다.

문물

| 글월 | 문 | 文 |
| 물건 | 물 | 物 |

정치·경제·종교·예술·법률 따위의 문화에 관한 모든 것

중국에 가서 한국 제품의 유통에 도전하고 싶다고?

한국을 폄하하는 사람들도 있는데, 한국의 뛰어난 기술을 보여 주고 싶어요.

유통

| 흐르다 | 유 | 流 |
| 통하다 | 통 | 通 |

상품이 생산자에게서 소비자에게 이르기까지 여러 단계에서 교환되고 분배되다.

폄하

| 낮추다 | 폄 | 貶 |
| 아래 | 하 | 下 |

가치를 깎아내리다.

01 밑줄 그은 어휘의 뜻에 맞는 말을 괄호 안에서 골라 ○표를 하시오.

1 정부는 <u>선진</u> 과학 기술을 도입해 농업 생산량을 늘리기로 했다.

→ 뜻 발전 단계나 정도가 다른 것보다 (앞서다 | 뒤떨어지다).

2 그 작가가 어리다고 해서 그의 작품까지 함부로 <u>폄하</u>할 수는 없다.

→ 뜻 가치를 (높이다 | 깎아내리다).

02 다음 표에서 뜻이 비슷하거나 반대되는 어휘를 골라 ○표를 하시오.

1

문물

↓ 비슷한 뜻

| 국가 | 문화 | 생물 |

2

선진

↓ 반대의 뜻

| 선배 | 전진 | 후진 |

03 밑줄 그은 어휘의 뜻을 보기 에서 골라 알맞은 기호를 쓰시오.

보기

㉠ 공기 따위가 막힘이 없이 흘러 통하다.
㉡ 상품이 생산자에게서 소비자에게 이르기까지 여러 단계에서 교환되고 분배되다.

1 환풍기는 공기의 <u>유통</u>을 돕는다. [   ]

2 소비자에게 식품을 신선하게 전달하기 위해 <u>유통</u> 단계를 줄였다. [   ]

04 뜻과 예문을 보고, 빈칸에 들어갈 알맞은 글자를 쓰시오.

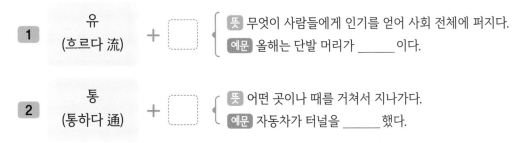

1 유
(흐르다 流) + [   ]
뜻 무엇이 사람들에게 인기를 얻어 사회 전체에 퍼지다.
예문 올해는 단발 머리가 _____ 이다.

2 통
(통하다 通) + [   ]
뜻 어떤 곳이나 때를 거쳐서 지나가다.
예문 자동차가 터널을 _____ 했다.

05 〔 〕안의 말 중에서 띄어쓰기가 바른 것을 골라 ○표를 하시오.

1 1시간을 꼬박 뛰었더니 땀이 비 오듯 〔 흘러내린다 / 흘러 내린다 〕.

2 소방관은 불길이 빨리 잡히는 것을 보고 가슴을 〔 쓸어내렸다 / 쓸어 내렸다 〕.

3 다른 사람을 욕하는 것은 자기 자신을 〔 깎아내리는 / 깎아 내리는 〕 행동이다.

06 빈칸에 들어갈 알맞은 관용 표현을 보기 에서 골라 쓰시오.

보기

한발 앞서다   눈물이 앞서다

1 신소재 개발로 우리나라 기술이 다른 나라보다 [＿＿＿＿＿＿＿＿＿＿＿].

2 진우는 이사 가는 친구를 보고는 서운한 마음에 [＿＿＿＿＿＿＿＿＿＿＿].

07 다음 상황에서 민주가 사용할 수 있는 속담으로 알맞은 것은?   [✎   ]

영일: 저 가수 옷 정말 못 입지 않니? 볼 때마다 차림이 우스꽝스러워.
민주: 다른 사람이 보면 우리 옷차림도 우스울 수 있어. 함부로 남을 폄하하고 비웃으면
      안 되는 거야.

① 돌을 차면 발부리만 아프다
② 여우가 죽으니까 토끼가 슬퍼한다
③ 남의 흉이 한 가지면 제 흉은 열 가지
④ 호랑이를 그리려다가 고양이를 그린다
⑤ 떡 줄 사람은 꿈도 안 꾸는데 김칫국부터 마신다

08~10 　다음 글을 읽고, 물음에 답하시오.　　　국어　문학

　　㉠『열하일기』는 조선 후기의 실학자인 연암 박지원이 청나라에 다녀온 뒤에 쓴 기행문이다. 박지원은 1780년 청나라 황제의 칠순 잔치를 축하하기 위한 *사절단과 함께 청나라에 가서 북경과 열하 지역을 돌아보았다. 박지원은 여행을 하며 자신이 보고 느낀 것을 속담, 민요, 소설 등을 활용하여 생생하게 기록했다.

　　박지원은 세계적인 나라로 우뚝 선 청나라의 문물을 보고 큰 충격을 받았다. 당시 청나라는 도시마다 시장이 활발하고 교통이 발달하여 상품의 유통이 원활했다. 박지원은 조선도 청나라처럼 상업이 발달해야 나라가 강해질 것이라고 생각했다. 그래서 『열하일기』에 청나라의 선진 문물과 기술을 받아들이고 배워야 한다는 내용을 담았다. 또한 당시 조선의 신분 제도와 양반 사회의 모순을 날카롭게 비판했다. 그러나 박지원의 주장에도 조선의 양반들은 여전히 청나라를 오랑캐의 나라라고 폄하하며 그곳의 문물을 배울 생각을 하지 않았다.

＊ **사절단**(심부름꾼 使, 예절 節, 모이다 團): 나라를 대표하여 어떤 일을 맡고 다른 나라에 가는 사람들의 무리

08 이 글의 핵심 내용을 파악하여 빈칸에 들어갈 알맞은 말을 쓰시오.

『＿＿＿＿＿＿＿＿』에 담긴 박지원의 생각

09 ㉠에 대한 설명으로 알맞지 <u>않은</u> 것은?　　　[✎　　]

① 박지원이 청나라에 다녀와서 쓴 글이다.
② 여행을 하며 보고 느낀 내용이 담겨 있다.
③ 속담, 민요, 소설 등을 활용하여 기록하였다.
④ 당시 조선의 신분 제도를 비판한 내용이 담겨 있다.
⑤ 농업이 발달해야 나라가 강해진다는 주장이 담겨 있다.

10 박지원이 ㉠을 쓴 당시 조선의 양반들의 생각으로 알맞은 것은?　　　[✎　　]

① 청나라로 떠나야 한다.　　　　　　② 청나라와 친하게 지내야 한다.
③ 청나라의 문물을 배울 필요가 없다.　　④ 청나라의 문물을 받아들여야 한다.
⑤ 청나라보다 기술 발전을 이루어야 한다.

18 피라미드는 어떻게 만들었나

거대

크다	거	巨
크다	대	大

엄청나게 크다.

정교하다

뛰어나다	정	精
솜씨가 있다	교	巧

솜씨나 기술 따위가 아주 빈틈이 없이 자세하고 뛰어나다.

에펠탑을 실제로 보니 생각보다 더 거대해!

아주 정교하게 만들어진 철탑이야. 어떻게 만들었을까?

철저하게 설계하고 측량해서 지었을 거야.

설계

세우다	설	設
계산하다	계	計

건설, 공사 따위에 관한 계획을 세우거나 그 계획을 그림 등으로 나타내다.

측량

재다	측	測
헤아리다	량	量

기기를 써서 물건의 높이, 깊이, 넓이, 방향 따위를 재다.

01 밑줄 그은 어휘와 뜻이 비슷한 어휘가 <u>아닌</u> 것은?　[✎ 　　]

> 이 풍경화는 풍경을 사진으로 찍은 것처럼 사실적이고 <u>정교하다</u>.

① 섬세하다   ② 정밀하다   ③ 세밀하다
④ 조잡하다   ⑤ 치밀하다

02 밑줄 그은 어휘가 어떤 뜻으로 쓰였는지 알맞게 선으로 이으시오.

1 아파트를 친환경적으로 <u>설계</u>하였다. ●   ● ㉠ 어떤 것을 이루기 위한 계획을 세우다.

2 청소년기에는 자신의 장래를 <u>설계</u>해 보는 것이 좋다. ●   ● ㉡ 건설, 공사 따위에 관한 계획을 세우거나 그 계획을 그림 등으로 나타내다.

03 다음 표에서 뜻이 비슷하거나 반대되는 어휘를 골라 ○표를 하시오.

1 측량하다
◀ 비슷한 뜻

짓다 | 재다 | 만들다

2 거대하다
◀ 반대의 뜻

크다 | 작다 | 깊다

04 뜻과 예문을 보고, 빈칸에 들어갈 알맞은 글자를 쓰시오.

1 거 (크다 巨) + ☐
　뜻 몸이 아주 큰 사람
　예문 그는 키가 2미터가 넘는 _____이다.

2 대 (크다 大) + ☐
　뜻 아주 많은 분량이나 수량
　예문 식당 주인은 시장에서 식재료를 _____으로 구입했다.

어법+표현 다져요

05 보기 를 보고, 〔   〕안의 말 중에서 표기가 바른 것을 골라 ◯표를 하시오.

> **보기**
>
> -든지 : 어느 것이든 선택될 수 있음을 나타내는 말
>
> -던지 : 과거의 일에 대하여 생각하거나 추측할 때 쓰는 말

1 파도가 얼마나 〔 거대하든지 / 거대하던지 〕 해변을 모두 휩쓸 기세였다.

2 네가 무엇을 〔 선택하든지 / 선택하던지 〕 나는 너를 끝까지 응원할 것이다.

3 공예가의 솜씨가 어찌나 〔 정교하든지 / 정교하던지 〕 완벽한 반지가 완성되었다.

06 다음에서 설명하는 속담에 맞는 말을 괄호 안에서 골라 ◯표를 하시오.

> 이 속담에 나오는 '길'은 우리가 걷는 도로가 아니라 사람의 키 정도 되는 길이를 나타 내는 말이다. 이 속담은 사람의 키보다 열 배나 깊은 물속 깊이는 잴 수 있어도 사람의 속 마음을 헤아리기란 매우 힘들다는 의미를 담고 있다.

➡ 속담: 열 길 (물속 | 사람 속)은 알아도 한 길 (물속 | 사람 속)은 모른다

07 다음 한자 성어를 활용한 문장으로 알맞은 것은?　　　　　〔 ✎   〕

大	器	晩	成
크다 대	그릇 기	늦다 만	이루다 성

'대기만성'은 큰 그릇을 만드는 데는 시간이 오래 걸린다는 뜻으로, 크게 될 사람은 늦 게 이루어짐을 이르는 말이다.

① 옛것만 고집하는 것은 대기만성과 다를 게 없다.
② 대기만성으로 자기에게 이로운 것만 찾아서는 안 된다.
③ 그는 오랜 훈련 끝에 대기만성으로 프로 선수가 되었다.
④ 그는 능력도 없으면서 늘 큰소리만 치는 대기만성이었다.
⑤ 40점 받은 사람이 30점 받은 사람을 비웃는 것은 대기만성과 같다.

08~10 다음 글을 읽고, 물음에 답하시오.

피라미드는 고대 이집트의 왕이나 왕족의 무덤으로 설계된 건축물이다. 가장 거대한 대피라미드는 기원전 2560년 무렵에 세워진 쿠푸왕의 피라미드이다. 이 피라미드는 2.5톤 정도의 돌을 230만 개 이상 쌓아올려 만든 것으로 높이가 무려 약 147미터이다.

피라미드는 밑면은 정사각형이고 네 개의 옆면은 정삼각형인 사각뿔 모양을 하고 있다. 피라미드 건설에서 가장 어려운 것은 밑면을 정사각형으로 만드는 일이었다. 밑면인 정사각형을 만들 때 어느 한쪽 변의 길이가 다른 것보다 길거나, 네 각 중 하나가 직각을 이루지 않으면 무게 중심이 흔들려서 돌을 쌓다가 무너지기 때문이다. 그래서 고대 이집트인들은 피라미드의 밑면인 정사각형을 만들 때 네 변의 길이를 거의 일치시키고, 네 각 모두 직각을 이루도록 철저히 측량하였다. 이렇게 완성된 피라미드를 통해 고대 이집트인들의 뛰어난 수학 실력과 정교한 건축 기술을 짐작할 수 있다.

08 이 글의 핵심 내용을 파악하여 빈칸에 들어갈 알맞은 말을 쓰시오.

정교한 건축 기술로 설계된 [　　　　　　　　　]

09 이 글에서 알 수 있는 내용이 <u>아닌</u> 것은?　　　　　[✎　　]

① 피라미드의 모양
② 대피라미드의 규모
③ 피라미드가 설계된 용도
④ 대피라미드가 만들어진 시기
⑤ 피라미드 외에 고대 이집트인들이 만든 건축물

10 피라미드를 지을 때 했을 법한 생각으로 알맞지 <u>않은</u> 것에 ✓표를 하시오.

① ☐ 모든 면을 정사각형 모양으로 만들어야겠군.
② ☐ 밑면의 네 각이 모두 직각을 이루도록 해야겠군.
③ ☐ 밑면을 정사각형으로 만들기 위해 네 변의 길이를 일치시켜야겠군.

19 꼭 필요한 기체

팽창

부풀다	팽 膨
늘어나다	창 脹

부풀어서 크기가 커지거나 늘어나다.

응결

엉기다	응 凝
맺다	결 結

기체가 온도가 내려가거나 압력 변화 때문에 액체로 변하다.

메스껍다

토할 것처럼 속이 몹시 울렁 거리는 느낌이 있다.

주범

주되다	주 主
일으키다	범 犯

어떤 일에 대하여 좋지 않은 결과를 만드는 주된 원인

어휘를 넓혀요

정답과 해설 24쪽

01 밑줄 그은 어휘의 뜻에 맞는 말을 괄호 안에서 골라 ◯표를 하시오.

1 풍선이 점점 <u>팽창</u>하더니 펑 터져 버렸다.

→ 뜻 부풀어서 크기가 (작아지거나 줄어들다 | 커지거나 늘어나다).

2 아파트에 사는 사람들 사이에 벌어지는 다툼의 <u>주범</u>은 층간 소음이다.

→ 뜻 어떤 일에 대하여 (좋은 | 좋지 않은) 결과를 만드는 주된 원인

02 밑줄 그은 부분과 바꾸어 쓸 수 있는 어휘를 빈칸에 쓰시오.

안개는 공기 중의 수증기가 <u>액체로 변하여</u> 작은 물방울로 떠 있는 것이다.

↳ ☐☐ 하여

03 밑줄 그은 어휘의 뜻을 보기 에서 골라 알맞은 기호를 쓰시오.

보기

㉠ 토할 것처럼 속이 몹시 울렁거리는 느낌이 있다.
㉡ 태도나 행동 따위가 못마땅하여 기분이 몹시 좋지 않다.

1 소화가 잘 안 되는지 속이 <u>메스꺼워서</u> 약을 먹었다. [✎   ]

2 나는 다른 친구들을 무시하는 반장의 태도가 몹시 <u>메스껍다</u>. [✎   ]

04 빈칸에 '맺다 결(結)' 자가 들어간 어휘를 쓰시오.

1 이 다리는 이 섬과 육지를 서로 ☐ 결 해 주는 다리이다.

둘 이상의 사물이나 현상 등이 서로 이어지거나 관계를 맺다.

2 대회에서 금메달을 따다니, 그동안의 노력이 결 ☐ 을 맺었구나.

일의 결과가 잘 맺어지다. 또는 그런 성과

05 보기를 보고, 빈칸에 들어갈 알맞은 어휘를 쓰시오.

보기

늘어놓다	: 여기저기에 어수선하게 두다. 예 아이가 장난감을 늘어놓다.
늘어지다	: 기운이 풀려 몸을 가누지 못하다. 예 피곤에 지쳐 몸이 늘어지다.
늘어나다	: 부피나 수량이 커지거나 많아지다. 예 사람 수가 늘어나다.

1 옷장 정리를 하려고 옷들을 방바닥에 [   ].

2 매달 받은 월급을 열심히 모았더니 재산이 [   ].

3 시험 공부를 하느라 밤을 새웠더니 온몸이 [   ].

06 밑줄 그은 부분에 들어갈 속담으로 알맞은 것은? [ ]

기호: 수찬이가 축구하다가 다리를 심하게 다쳐서 입원했다며?
연수: "_____"더니, 발목을 살짝 삔 것뿐인데 소문이 부풀려졌어.

① 말은 청산유수다
② 말이 씨가 된다
③ 말이 말을 만든다
④ 말 속에 뜻이 있고 뼈가 있다
⑤ 말 한마디에 천 냥 빚도 갚는다

07 다음 한자 성어를 활용한 문장으로 알맞은 것은? [ ]

因	果	應	報
원인 인	결과 과	마땅히 응	답하다 보

'인과응보'는 원인과 결과가 서로 답한다는 뜻으로, 좋은 일을 하면 좋은 결과를 가져오고, 나쁜 일을 하면 나쁜 결과를 가져온다는 뜻이다.

① 심부름을 다녀온다던 동생이 세 시간째 인과응보다.
② 다른 사람의 말만 듣고 쉽게 인과응보해서는 안 된다.
③ 나의 계획이 인과응보에 그치지 않도록 꾸준히 실행해야겠다.
④ 동생 몫의 과자까지 빼앗아 먹었다가 배탈이 나다니 인과응보다.
⑤ 공부를 하지 않으면서 성적이 오르기를 바라는 것은 인과응보다.

08~10   다음 글을 읽고, 물음에 답하시오.   과학 물질

　　㉠이산화 탄소는 생물이 숨을 쉬거나 물질이 불에 탈 때 생기는 기체이다. 이산화 탄소는 색이 없고 눈에 보이지 않으며 냄새도 나지 않는다. 이산화 탄소는 인간을 비롯한 동물이 호흡을 하고 식물이 광합성을 하는 데에 없어서는 안 되는 중요한 역할을 한다.

　　이산화 탄소는 실생활에서도 많이 이용된다. 드라이아이스는 이산화 탄소에 높은 압력을 가해 만든 것으로, 얼음보다 온도가 낮아 식품 보관에 매우 유용하다. 드라이아이스를 실온에 두면 주변에 있는 수증기가 응결해서 안개처럼 보이는데, 이것은 안개 낀 효과를 내는 무대 장치로 사용된다. 이산화 탄소는 톡 쏘는 탄산음료와 불을 끄는 소화기, 배가 팽창하거나 속이 메스꺼울 때 먹는 액체 소화제를 만들 때에도 쓰인다. 하지만 대기 중에 존재하는 이산화 탄소는 지구 온난화의 주범으로 알려져 있다. 석탄, 석유 같은 화석 연료를 사용할 때 나오는 이산화 탄소가 *온실 효과를 일으키기 때문이다.

＊**온실 효과**: 공기 중의 수증기, 이산화 탄소 등이 지구 밖으로 나가는 열을 흡수하여 지구의 온도를 높게 유지하는 작용

08 이 글의 핵심 내용을 파악하여 빈칸에 들어갈 알맞은 말을 쓰시오.

{ ⬚⬚⬚⬚⬚⬚⬚⬚⬚⬚ 의 특징과 여러 가지 쓰임 }

09 ㉠에 대한 설명으로 알맞은 것은?　　　[✎　　]

① 색은 없지만 냄새가 독특하다.
② 생물이 숨을 쉴 때 나오는 기체이다.
③ 지구 온난화를 예방하는 역할을 한다.
④ 동물에게는 필요하지만 식물에게는 필요 없다.
⑤ 화석 연료를 사용할 때 나오는 이산화 탄소는 유용하다.

10 이 글에 제시된 ㉠을 사용하는 경우가 아닌 것은?　　　[✎　　]

① 옷을 만들 때　　　② 소화기를 만들 때　　　③ 탄산음료를 만들 때
④ 액체 소화제를 만들 때　　⑤ 드라이아이스를 만들 때

20 무르지 않는 토마토

병충해

병		병	病
벌레		충	蟲
해롭다		해	害

곡식이나 채소가 병이나 벌레때문에 입는 피해

농산물

농사		농	農
생산하다		산	産
물건		물	物

곡식, 채소, 과일과 같은 농사를 지어 생산한 물건

올해는 병충해가 없어서 농산물 수확이 늘었네요.

유기농 검증 표시도 넣고, 모양도 변형되지 않게 포장해야겠어요.

검증

| 검사하다 | | 검 | 檢 |
| 증명하다 | | 증 | 證 |

검사하여 사실이라는 것을 증명하다.

변형

| 변하다 | | 변 | 變 |
| 모양 | | 형 | 形 |

모양이나 형태가 달라지거나 달라지게 하다.

01 빈칸에 들어갈 알맞은 어휘를 쓰시오.

> 은미: 요즘 날이 가물어서 그런지 **1** ☐☐☐ 가격이 많이 올랐어.
>
> 정현: **2** ☐☐☐ 도 심해서 과일과 채소의 수확량이 많이 줄었다고 하더라.

02 밑줄 그은 어휘의 뜻에 맞는 말을 괄호 안에서 골라 ○표를 하시오.

1 이 장난감은 사람 몸에 해롭지 않다는 검증을 받았다.

→ 뜻 검사하여 (사실 | 거짓)이라는 것을 증명하다.

2 볼이 좁고 끝이 뾰족한 구두는 발 모양을 변형할 수 있다.

→ 뜻 모양이나 형태가 (달라지게 | 유지되게) 하다.

03 보기 처럼 한 어휘가 다른 어휘를 포함하는 관계로 알맞지 <u>않은</u> 것은? [✎   ]

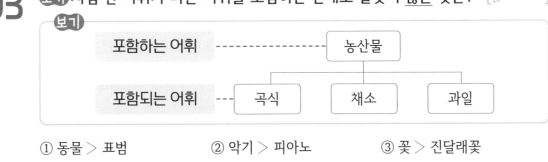

① 동물 > 표범   ② 악기 > 피아노   ③ 꽃 > 진달래꽃

④ 병충해 > 벌레   ⑤ 학용품 > 지우개

04 다음 어휘 중 '증명하다 증(證)' 자가 쓰이지 <u>않은</u> 것의 기호를 쓰시오.

> ㉠ 증인: 어떤 사실을 증명하는 사람
>
> ㉡ 갈증: 목이 말라 물을 마시고 싶은 느낌
>
> ㉢ 증서: 권리나 의무, 사실 따위를 증명하는 문서
>
> ㉣ 고증: 옛날 책이나 유물을 통해 예전에 있던 사물들의 가치 등을 증명하다.

[✎   ]

어법+표현 다져요

05 보기를 보고, 빈칸에 들어갈 알맞은 어휘를 쓰시오.

보기

짓다 + -어 → 지어

받침 'ㅅ'이 사라진다.

1 긋다 + -어 → 자를 대고 선을 [   ] 보렴.

2 잇다 + -어 → 나는 천천히 말을 [   ] 나갔다.

3 젓다 + -어 → 밀가루에 물을 넣고 잘 [   ] 주세요.

06 민지의 태도를 나타낼 수 있는 속담으로 알맞은 것은? [✎   ]

> 민호: 누나, 우리 간식 먹기 전에 손부터 씻자. 손만 제대로 씻어도 수많은 질병을 70퍼센트 이상 막을 수 있대.
> 민지: 에이, 70퍼센트나? 검증된 사실 맞아?
> 민호: 진짜라니까. 기사에서 봤어.
> 민지: 나 손 씻게 하려고 거짓말하는 거 아니야? 도저히 믿을 수가 없는 걸.

① 공든 탑이 무너지랴   ② 소 잃고 외양간 고친다
③ 천 리 길도 한 걸음부터   ④ 굼벵이도 구르는 재주가 있다
⑤ 콩으로 메주를 쑨다 해도 곧이듣지 않는다

07 밑줄 그은 부분과 뜻이 통하는 한자 성어로 알맞은 것은? [✎   ]

> 오랜만에 명절에 사촌 동생을 만났는데, 키가 커지고 몸집도 커져 있었다. 게다가 어릴 적 개구쟁이였던 모습은 사라지고 전보다 제법 의젓해졌다. 나는 사촌 동생에게 "예전하고 너무 달라져서 딴사람인 줄 알았어. 지금이 훨씬 보기 좋다."라고 말했다.

① 조삼모사(朝三暮四)   ② 환골탈태(換骨奪胎)
③ 다다익선(多多益善)   ④ 삼고초려(三顧草廬)
⑤ 어부지리(漁父之利)

08~10 다음 글을 읽고, 물음에 답하시오.　　　사회 환경

　유전자 재조합이란 한 생물체의 유전자를 다른 생물체의 유전자와 결합해 원하는 특징을 가지도록 만드는 것이다. 이 기술로 생산한 농산물이나 식품을 유전자 재조합 식품, 또는 유전자 변형 식품이라고 한다. 세계 최초의 유전자 재조합 식품은 1994년 미국에서 개발한 '무르지 않는 토마토'이며, 이후 유전자를 재조합한 옥수수, 콩, 감자 등이 개발되었다.

　학자들은 병충해에 강한 유전자 재조합 식품의 수확량이 늘어나면 식량 문제를 해결할 수 있다는 점은 인정했다. 그러나 식품의 안전성이 검증되지 않아서 여전히 문제를 제기하고 있다. 유전자를 재조합하는 과정에서 사람에게 해로운 물질이 생길 수도 있고, 유전자 재조합 식품이 생태계를 파괴하거나 예상치 못한 환경 문제를 일으킬 수 있기 때문이다. 우리나라에서도 유전자 재조합 식품의 안정성에 논란이 일면서 2001년부터 유전자 재조합 기술로 만들어진 27개 식품에 '유전자 재조합 식품(GMO) 표시제'를 실시하고 있다. 소비자가 식품에 유전자를 재조합한 농산물 등을 사용했는지 알고 식품을 고를 수 있게 한 것이다.

08 이 글의 핵심 내용을 파악하여 빈칸에 공통으로 들어갈 알맞은 말을 쓰시오.

{ 　　　　 재조합의 뜻과 　　　　 재조합 식품에 대한 논란 }

09 학자들이 유전자 재조합 식품에 대해 문제를 제기한 까닭으로 알맞지 <u>않은</u> 것은?

[　✎　　　]

① 유전자 재조합 식품의 안전성이 검증되지 않아서
② 유전자 재조합 식품이 사람에게 해로울 수 있어서
③ 유전자 재조합 식품이 생태계를 파괴할 수 있어서
④ 유전자 재조합 식품이 세계의 식량 부족 문제를 악화시켜서
⑤ 유전자를 재조합한 식품 때문에 환경 문제가 일어날 수 있어서

10 이 글을 읽고 난 반응을 알맞게 말한 사람을 쓰시오.

> 진규: 유전자 재조합 식품은 무르지 않는 토마토에서 개발이 멈추었구나.
> 승연: 우리나라에서는 아직 '유전자 재조합 식품 표시제'가 실시되지 않고 있구나.
> 주아: '유전자 재조합 식품 표시제'를 실시하면 소비자가 유전자 재조합 식품을 직접 확인하고 고를 수 있구나.

[　✎　　　]

1-3 뜻에 알맞은 어휘를 **보기**에서 골라 쓰시오.

보기

세금　　주권　　비율　　논리　　유통

1 [　　　　] : 국가의 의사나 정책을 최종적으로 결정하는 권력

2 [　　　　] : 바르게 판단하고 이치에 맞게 생각하는 과정이나 원리

3 [　　　　] : 국가 운영에 필요한 비용을 마련하기 위하여 국민으로부터 거두어들이는 돈

4-5 어휘에 알맞은 뜻을 골라 선으로 이으시오.

4 실천 ·

· ㉠ 생각한 것을 실제로 행하다.

· ㉡ 돈·지식·경험 등을 모아서 쌓다.

5 손상 ·

· ㉠ 가치를 깎아내리다.

· ㉡ 병에 걸리거나 몸을 다치다.

6 밑줄 그은 어휘의 뜻으로 알맞은 것은?

태양 전지는 태양의 빛 에너지를 전기 에너지로 <u>변환하는</u> 장치이다.

① 엄청나게 크다.
② 다르게 하여 바꾸다.
③ 검사하여 사실이라는 것을 증명하다.
④ 일정한 목표, 방향, 지점으로 향하거나 나아가다.
⑤ 내용이 복잡하거나 어려운 것을 하나하나 따져서 밝히다.

7 어휘의 뜻으로 알맞지 <u>않은</u> 것은? [✎   ]

① 번성: 세력이 커져서 널리 퍼지다.
② 추진: 목표를 향해서 일을 밀고 나아가다.
③ 팽창: 모양이나 형태가 달라지거나 달라지게 하다.
④ 입각: 어떤 사실이나 주장 따위에 근거를 두고 그 입장에 서다.
⑤ 보급: 널리 퍼뜨려 많은 사람들에게 골고루 미치게 하여 누리게 하다.

8 괄호 안에 공통으로 들어갈 어휘로 알맞은 것은? [✎   ]

> • 국가는 국민의 기본적인 권리를 (   )해야 한다.
> • 배가 출발하기 전에 철저하게 점검하여 탑승자의 안전을 (   )해야 한다.

① 보장   ② 실천   ③ 제한
④ 협조   ⑤ 설계

9 밑줄 그은 어휘가 문장에 어울리지 <u>않는</u> 것은? [✎   ]

① 옛날에는 <u>신분</u>에 따라 옷을 다르게 입었다.
② <u>병충해</u>에 강한 유전자 재조합 식품이 개발되었다.
③ 할 일이 없어 <u>모호한</u> 시간에는 운동을 하는 것도 좋다.
④ 임시 정부는 독립운동 세력을 모아 한국광복군을 <u>창설했다</u>.
⑤ 글을 쓸 때 <u>실제</u>로 있었던 일을 예로 들면 읽는 사람이 이해하기 쉽다.

10-11 문장에 알맞은 어휘를 골라 ✔표를 하시오.

10 '황금비'는 사람이 느끼는 가장 ☐ 이상적 ☐ 객관적 이고 아름다운 비율이다.

11 리트머스 종이 같은 지시약은 용액의 ☐ 성질 ☐ 양분 에 따라 색깔이 변한다.

12 뜻이 비슷한 어휘끼리 짝 짓지 <u>않은</u> 것은? [✎   ]

① 막다, 제한하다 　　　② 달갑다, 기원하다 　　　③ 끝없다, 무한하다
④ 어기다, 위반하다 　　　⑤ 노출하다, 드러내다

13 밑줄 그은 어휘와 바꾸어 쓸 수 있는 것은? [✎   ]

> 악어와 악어새는 서로 <u>긴밀한</u> 관계를 맺으며 살아간다.

① 과다한 　　　② 가까운 　　　③ 간결한
④ 정교한 　　　⑤ 명료한

14 뜻이 반대인 어휘끼리 짝 지은 것은? [✎   ]

① 문물, 상품 　　　② 농산물, 식품 　　　③ 인위적, 자연적
④ 부착하다, 붙이다 　　　⑤ 수립하다, 세우다

15-17 괄호 안에 들어갈 알맞은 어휘를 골라 선으로 이으시오.

15 　일본이 (　　　)하면서 전쟁은 끝나고 우리나라는 독립을 이루게 되었다. 　　　•

• 응결

16 　드라이아이스를 실온에 두면 주변에 있는 수증기가 (　　　)해서 안개처럼 보인다. 　　　•

• 항복

17 　석탄과 석유, 천연가스와 같은 화석 연료는 무한하지 않고 언젠가는 (　　　)될 수 있다. 　　　•

• 고갈

관용어 · 속담 · 한자 성어

18 밑줄 그은 부분에 들어갈 말로 알맞은 것은?   [✎   ]

> '근'은 무게를 재는 단위로, '천 근'은 몹시 무거운 무게를 뜻한다. 따라서 관용어 '입이 천 근 같다'는 매우 입이 무거워 _____ 사람을 표현할 때 자주 쓴다.

① 이해심이 많은
② 이야기를 함부로 옮기지 않는
③ 어떤 생각이나 사실을 말로 드러내는
④ 어떤 일에 꽉 잡혀서 벗어나지 못하는
⑤ 적은 차이로 나은 위치나 수준을 차지하는

19 다음 속담을 사용할 수 있는 상황으로 알맞은 것은?   [✎   ]

> ### 달도 차면 기운다
>
> 달은 가느다란 초승달에서 둥근 보름달로 차올랐다가, 점점 줄어들어서 반달이 되었다가 마침내 작은 그믐달이 된다. 우리 조상들은 이렇게 차올랐다가 다시 작아지는 달처럼 세상의 모든 일들이 잘 될 때가 있으면 안 될 때도 있다고 생각하였다.

① 세력이 번성했던 나라가 세력이 줄어들었다.
② 운동을 해서 건강해지고 친구도 사귀게 되었다.
③ 수학 공부의 필요성을 느껴서 곧바로 학원에 등록하였다.
④ 자기 이익에 따라서 이편에 붙었다 저편에 붙었다 하였다.
⑤ 상대방의 실력과 자신의 실력을 알고 농구 시합을 하여 승리하였다.

20 한자 성어 설명에서 괄호 안에 들어갈 어휘로 알맞은 것은?   [✎   ]

> | 초지일관 | |
> |---|---|
> | 처음 | 초(初) |
> | 뜻 | 지(志) |
> | 하나 | 일(一) |
> | 꿰다 | 관(貫) |
>
> 이 한자 성어는 처음에 먹은 마음을 한결같이 꿰뚫는다는 말로, 처음에 세운 뜻을 끝까지 밀고 나가는 자세를 뜻한다. 무엇인가를 시작할 때 가진 각오를 끝까지 지키기란 어려운 일이다. 하지만 초지일관하여 처음의 각오를 끝까지 밀고 나간다면, 반드시 자신이 수립한 (   )를 이룰 수 있을 것이다.

① 경사
② 관리
③ 논리
④ 목표
⑤ 정의

1-4 뜻에 알맞은 어휘를 보기 에서 골라 쓰시오.

보기

| 청중 | 경사 | 인권 | 주범 | 선진 | 빙하 |

1 [　　　　] : 축하할 만한 기쁜 일

2 [　　　　] : 인간으로서 당연히 가지는 기본 권리

3 [　　　　] : 발전 단계나 정도가 다른 것보다 앞서다.

4 [　　　　] : 어떤 일에 대하여 좋지 않은 결과를 만드는 주된 원인

5 어휘의 뜻에 맞는 말을 괄호 안에서 골라 ○표를 하시오.

1 서행 　뜻 사람이나 차가 (천천히 | 빠르게) 가다.

2 온난화 　뜻 지구의 (중력 | 기온)이 높아지는 현상

3 창의 　뜻 지금까지 (있던 | 없던) 새로운 것을 생각하여 냄

4 경각심 　뜻 (위험 | 관심)을 깨닫고 정신을 바로 차리어 주의하는 마음

6 밑줄 그은 어휘의 뜻으로 알맞은 것은?　　[✎ 　　]

조선 후기의 한글 소설은 조선 사회의 모습을 풍자하고 있다.

① 겉으로 드러내다.
② 어떤 사실이나 주장 따위에 근거를 두고 그 입장에 서다.
③ 솜씨나 기술 따위가 아주 빈틈이 없이 자세하고 뛰어나다.
④ 어떤 사람이나 사실을 다른 것에 빗대어 재치 있게 비판하다.
⑤ 인물이나 지위가 함부로 다룰 수 없을 만큼 매우 높고 공경할 만하다.

정답과 해설 28-29쪽

7 어휘의 뜻으로 알맞지 <u>않은</u> 것은? [✎   ]

① 과다: 너무 지나치게 많다.

② 수용: 어떠한 것을 받아들이다.

③ 고갈: 목표를 향해서 일을 밀고 나아가다.

④ 판별: 옳고 그름이나 좋고 나쁨을 판단하여 구별하다.

⑤ 측량: 기기를 써서 물건의 높이, 깊이, 넓이, 방향 따위를 재다.

8 밑줄 그은 어휘가 문장에 어울리지 <u>않는</u> 것은? [✎   ]

① 물고기들은 물속에서 아가미로 <u>호흡한다</u>.

② 하루 이틀의 시간이 <u>축적되어</u> 긴 세월이 된다.

③ 회의에서 <u>소수</u>만 찬성한 의견은 통과되지 않는다.

④ 국어사전에서는 어휘의 뜻을 <u>수립하여</u> 밝히고 있다.

⑤ 이산화탄소는 속이 <u>메스꺼울</u> 때 먹는 소화제에 사용된다.

9-11 문장에 알맞은 어휘를 골라 ✓표를 하시오.

9 항일 무장 조직인 조선 의용대도 광복군에 ☐ 동참했다. ☐ 창설했다.

10 석유를 대체할 만한 연료 ☐ 효율 ☐ 보장 이 높은 에너지를 개발해야 한다.

11 여행지에 대해 발표할 때는 사진이나 영상 같은 ☐ 구체적 ☐ 유기적 시청각 자료를 마련하면 좋다.

12 뜻이 반대인 어휘끼리 짝 지은 것은?　　　　　　　　　　　　　　　[✎　　]

① 허위, 거짓　　　　　② 크다, 거대하다　　　　　③ 밝히다, 분석하다

④ 바라다, 기원하다　　　⑤ 모호하다, 분명하다

13 밑줄 그은 말과 바꾸어 쓸 수 있는 것은?　　　　　　　　　　　　　[✎　　]

> 경복궁은 고종이 다시 지으면서 이전보다 더 규모가 크고 성대한 궁궐이 되었다.

① 웅장한　　　　　　② 긴밀한　　　　　③ 달가운

④ 무한한　　　　　　⑤ 즉흥적인

14 괄호 안에 공통으로 들어갈 어휘로 알맞은 것은?　　　　　　　　　[✎　　]

> • 신분이 낮다고 해서 그 사람이 이룬 업적을 (　　　　　　)하면 안 된다.
> • 조선의 양반들은 오랑캐의 나라라고 (　　　　　　)하며 청나라의 발전된 문물을 배우려
>   하지 않았다.

① 폄하　　　　　　② 위반　　　　　③ 추진

④ 설계　　　　　　⑤ 변형

15-17 괄호 안에 들어갈 알맞은 어휘를 골라 선으로 이으시오.

15　우리 몸에서 배설에 (　　　)하는 기관으로는 땀샘
과 콩팥이 있다.　　　　　　　　　　　　　　• 　　　　　• 과속

16　유전자 재조합 식품은 안정성이 (　　　)되지 않아
서 여전히 문제가 되고 있다.　　　　　　　　• 　　　　　• 검증

17　어린이 보호 구역에는 차들이 빨리 달리지 못하게
(　　　)을 방지하는 시설이 설치된다.　　　• 　　　　　• 관여

관용어 · 속담 · 한자 성어

18 다음 설명에 맞는 관용어로 알맞은 것은?　[✎ 　]

> 이 관용어는 '어떤 대상이나 문제가 비판의 대상이 되다.'라는 뜻이다.
> → **예** 웃어른에게 인사를 제대로 하지 않는 행동이 ＿＿＿＿＿＿.

① 퇴짜를 놓다　　　　② 맛을 붙이다　　　　③ 호흡을 맞추다
④ 가슴에 손을 얹다　　⑤ 도마 위에 오르다

19 다음 속담에서 얻을 수 있는 교훈으로 알맞은 것은?　[✎ 　]

> ### 남의 잔치에 감 놓아라 배 놓아라 한다
>
> 옛날에는 좋은 일이 생기면 사람들을 모아 잔치를 열었다. 어떤 사람들은 자신이 잔치를 여는 것도 아니면서 음식이 맛없다느니, 이런 음식을 만들어야 한다느니 하면서 간섭을 하였다. 그래서 이 속담은 자기와 상관없는 남의 일에 쓸데없이 참견함을 뜻한다.

① 말만 할 것이 아니라 행동해야 한다.
② 쓸데없이 남의 흉을 보지 말아야 한다.
③ 자주 거짓말을 하면 신뢰를 쌓지 못한다.
④ 남의 일에 괜한 간섭을 하지 말아야 한다.
⑤ 무슨 일이든 마음을 굳게 먹어야 좋은 결과를 얻는다.

20 한자 성어 설명에서 밑줄 그은 부분에 들어갈 말로 알맞은 것은?　[✎ 　]

> | 환골탈태 | |
> |---|---|
> | 바꾸다 | 환(換) |
> | 뼈 | 골(骨) |
> | 벗다 | 탈(奪) |
> | 태 | 태(胎) |
>
> 이 한자 성어는 '뼈를 바꾸고 태를 벗다.'라는 뜻으로, 어떤 사람이 뼈를 바꾸고 태를 벗었나 싶을 정도로 ＿＿＿＿＿＿는 의미이다. 이 한자 성어는 사람의 용모, 성격 등이 보다 나은 방향으로 변하여 딴사람처럼 되었을 때 사용한다. 또, 시나 문장이 다른 사람의 손을 거쳐서 완전히 새로워졌을 때에 사용하기도 한다.

① 많이 변했다　　　　　　　　② 앞일을 미리 준비한다
③ 온갖 어려움을 다 겪는다　　④ 두 가지 이익을 함께 얻는다
⑤ 의심할 여지없이 아주 뚜렷하다

memo

완자

공부력

정답과 해설

어휘

×

초등 전과목

5

B

5-6학년

 책 속의 가접 별책 (특허 제 0557442호)

'정답과 해설'은 진도책에서 쉽게 분리할 수 있도록 제작되었으므로
유통 과정에서 분리될 수 있으나 파본이 아닌 정상 제품입니다.

ABOVE IMAGINATION

우리는 남다른 상상과 혁신으로
교육 문화의 새로운 전형을 만들어
모든 이의 행복한 경험과 성장에 기여한다

완자

공부력

초등 전과목
어휘 5B

· · · ·

정답과 해설

완자

완자 공부력 가이드

완자 공부력 시리즈는
앞으로도 계속 출간될 예정입니다.

**국어
맞춤법
바로 쓰기**
1~2학년용
4책

쓰기력

**전과목
어휘**
1~6학년용
12책

**전과목
한자
어휘**
1~6학년용
12책

**영어
파닉스**
1~2학년용
2책

**영어
영단어**
3~6학년용
8책

어휘력

**국어
독해**
1~6학년용
12책

**한국사
독해**
인물편
3~6학년용
4책

**한국사
독해**
시대편
3~6학년용
4책

독해력

**수학
계산**
1~6학년용
12책

계산력

완자 공부력 시리즈로 공부 근육을 키워요!

매일 성장하는
초등 자기개발서

W 완자

공부력

학습의 기초가 되는 읽기, 쓰기, 셈하기와 관련된
공부력을 키워야 여러 교과를 터득하기 쉬워집니다.
또한 어휘력과 독해력, 쓰기력, 계산력을 바탕으로 한
'공부력'은 자기주도 학습으로 상당한 단계까지 올라갈 수
있는 밑바탕이 되어 줍니다. 그래서 매일 꾸준한 학습이
가능한 '**완자 공부력 시리즈**'로 공부하면 **자기주도 학습**이
가능한 **튼튼한 공부 근육**을 키울 수 있을 것이라 확신합니다.

효과적인 **공부력 강화 계획**을 세워요!

○ 학년별 공부 계획

내 학년에 맞게 꾸준하게 공부 계획을 세워요!

		1-2학년	3-4학년	5-6학년
기본	독해	국어 독해 1A 1B 2A 2B	국어 독해 3A 3B 4A 4B	국어 독해 5A 5B 6A 6B
	계산	수학 계산 1A 1B 2A 2B	수학 계산 3A 3B 4A 4B	수학 계산 5A 5B 6A 6B
	어휘	전과목 어휘 1A 1B 2A 2B	전과목 어휘 3A 3B 4A 4B	전과목 어휘 5A 5B 6A 6B
		파닉스 1 2	영단어 3A 3B 4A 4B	영단어 5A 5B 6A 6B
확장	어휘	전과목 한자 어휘 1A 1B 2A 2B	전과목 한자 어휘 3A 3B 4A 4B	전과목 한자 어휘 5A 5B 6A 6B
	쓰기	맞춤법 바로 쓰기 1A 1B 2A 2B		
	독해		한국사 독해 인물편 1 2 3 4	
			한국사 독해 시대편 1 2 3 4	

○ 시기별 공부 계획

학기 중에는 **기본**, 방학 중에는 **기본 + 확장**으로 공부 계획을 세워요!

방학 중			
학기 중			
기본			확장
독해	계산	어휘	어휘, 쓰기, 독해
국어 독해	수학 계산	전과목 어휘 파닉스(1~2학년) 영단어(3~6학년)	전과목 한자 어휘 맞춤법 바로 쓰기(1~2학년) 한국사 독해(3~6학년)

예시 초1 학기 중 공부 계획표 주 5일 하루 3과목 (45분)

월	화	수	목	금
국어 독해	국어 독해	국어 독해	국어 독해	국어 독해
수학 계산	수학 계산	수학 계산	수학 계산	수학 계산
전과목 어휘	파닉스	전과목 어휘	전과목 어휘	파닉스

예시 초4 방학 중 공부 계획표 주 5일 하루 4과목 (60분)

월	화	수	목	금
국어 독해	국어 독해	국어 독해	국어 독해	국어 독해
수학 계산	수학 계산	수학 계산	수학 계산	수학 계산
전과목 어휘	영단어	전과목 어휘	전과목 어휘	영단어
한국사 독해 인물편	전과목 한자 어휘	한국사 독해 인물편	전과목 한자 어휘	한국사 독해 인물편

01 세상을 바꾸는 나눔, 기부

본문 8-11쪽

01 1 세금 2 달갑다

02 실천

03 1 ㉠ 2 ㉡

04 1 진학 2 진출

05 1 ㉢ 2 ㉠ 3 ㉡

06 ④ 발 벗고 나서다

'발 벗고 나서다'는 어떤 일을 마치 자기 일처럼 적극적으로 나서서 하는 것을 뜻하는 관용 표현으로 밑줄 그은 부분과 뜻이 통한다.
① 발을 빼다: 어떤 일에서 관계를 완전히 끊고 물러나다.
② 발이 익다: 여러 번 다녀서 길에 익숙하다.
③ 발을 들여놓다: 처음으로 접하거나 새로운 경험을 하다.
⑤ 발등의 불을 끄다: 눈앞에 닥친 절박한 일이나 어려운 일을 처리하거나 해결하다.

07 ② 처음에 세운 뜻을 끝까지 밀고 나가다.

골프 선수 박○○은 세계 대회에서 메달을 따겠다는 목표를 끝까지 밀고 나간 결과 훌륭한 선수가 되어 목표를 이루었다. '초지일관(처음 初, 뜻 志, 하나 一, 꿰다 貫)'은 처음에 세운 뜻을 끝까지 밀고 나간다는 뜻이다.
① 과유불급(過猶不及) ③ 여유만만(餘裕滿滿) ④ 자포자기(自暴自棄) ⑤ 호시탐탐(虎視眈眈)

08 노블레스 오블리주를 실천하는 사회 지도층의 행동

이 글은 노블레스 오블리주의 뜻과 노블레스 오블리주를 실천하는 사회 지도층의 행동에 대해 이야기하고 있다.

09 ④ 이윤을 남기기 위해서 더 많은 세금을 내겠다고 말하는 기업가들도 있다.

일부 기업가들이 세금을 줄여 주겠다는 정책을 달갑지 않아 하며 자신들과 같은 부자들이 더 많은 세금을 내야 한다고 말하는 까닭은 노블레스 오블리주를 실천하기 위함이다.

10 ④ 재산의 축적

노블레스 오블리주는 사회 지도층이 가져야 하는 사회적 기부와 봉사 정신, 도덕적 책임과 의무를 뜻한다. 재산의 축적은 노블레스 오블리주의 의무에 해당하지 않는다.

01 ① (얻은 | 잃은) ② (없다 | 있다)

02 고갈

03 ① [(바꾸다) | 꾸미다 | 없애다] ② [(끝없다) | 부족하다 | 유한하다]

> '유한하다'는 '무한하다'와 뜻이 반대되는 어휘로, '수량이나 정도, 크기에 일정한 한도나 한계가 있다.'라는 뜻이다.

04 ① 변신 ② 변덕

05 ① [나녀 / (나뉘어)] ② [사겨 / (사귀어)] ③ [셔서 / (쉬어서)]

> '나뉘어', '사귀어', '쉬어서'처럼 'ㅟ' 뒤에 '-어'가 오면 '나뉘어', '사귀어', '쉬어서'라고 표기해야 한다.

06 ① 드디어 그림을 <u>완성</u>했다.

> ①에 쓰인 '성(成)'은 '이루다'라는 뜻을 지닌 말이다. ②~⑤에 쓰인 '-성(性)'은 '성질'의 뜻을 더하는 말이다.
> ② 바르고 확실한 성질
> ③ 전에 없던 것을 처음으로 만드는 성질
> ④ 물체가 늘어나고 줄어드는 성질
> ⑤ 들인 힘과 노력에 비하여 실제로 얻은 효과의 비율이 높은 성질

07 ② 운동을 하면 기분이 좋아지고 몸도 건강해진다.

> 운동을 하면 기분이 좋아지고 몸도 건강해지는 등 두 가지의 이득을 보게 되므로 '일거양득'을 쓰기에 알맞다.

08 [대체 에너지] 를 개발해야 하는 까닭과 그 종류

> 이 글은 대체 에너지를 왜 개발해야 하는지 밝히고 대체 에너지의 종류에는 무엇이 있는지 설명하고 있다.

09 ③ 화석 연료는 언젠가는 고갈될 수 있기 때문에

> 화석 연료는 언젠가 고갈될 수 있으며 화석 연료를 사용하면 환경이 오염된다는 문제가 있다. 그래서 대체 에너지 개발이 활발해지고 있다고 했다.

10 ④ 바이오 에너지

> 바이오 에너지는 식물의 폐기물이나 음식물 쓰레기로부터 얻는 대체 에너지이다.
> ① 태양 에너지는 태양에서 나오는 빛과 열로부터 얻는 에너지이다.
> ② 지열 에너지는 땅의 열로부터 얻는 에너지이다.
> ③ 수력 에너지는 물로부터 얻는 에너지이다.
> ⑤ 원자력 에너지는 핵으로부터 얻는 에너지이다.

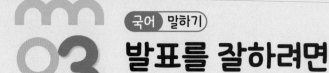
01 **1** (있는 | 없는) **2** (자세한 | 간단한)

02 실제

03 **1** 강사 | 대표 | 관객 **2** 희망 | 사실 | 거짓

04 **1** 대중 **2** 관중

05 **1** ㉡ **2** ㉠

💬 '실제'는 어떠한 '사실'에 초점을 두고, '실재'는 '존재' 자체에 초점을 둔다.

06 ☑ 바가지를 쓰다

💬 아빠가 컴퓨터를 실제 판매가보다 비싼 값을 주고 산 상황이므로 '바가지를 쓰다'가 알맞다.

07 ⑤ 적을 잘 알고 자신을 잘 아는 자는 백 번 싸워 백 번 이긴다

💬 ⑤는 적을 알고 나를 알면 백 번 싸워도 백 번 이긴다는 말로, 밑줄 그은 부분과 뜻이 통한다.
① 백지장도 맞들면 낫다: 쉬운 일이라도 협력하여 하면 훨씬 쉽다.
② 우물에 가 숭늉 찾는다: 일의 순서도 모르고 성급하게 덤빈다.
③ 배부른 고양이는 쥐를 잡지 않는다: 가난한 사람은 부지런하지만 돈 있는 사람은 게으르다.
④ 자기 배 부르면 남의 배 고픈 줄 모른다: 자기와 환경이나 조건이 다른 사람의 사정을 이해하기가 어렵다.

08 발표 를 할 때 주의할 점

💬 이 글에서는 발표의 뜻을 밝힌 후 발표를 잘하기 위해 준비할 점, 올바른 발표 자세 등을 설명하고 있다.

09 진우

💬 발표는 여러 사람 앞에서 말하는 것이기 때문에 높임 표현을 사용해야 한다.

10 ② 경험이나 실제 사례를 이야기한다.

💬 발표를 할 때 자신의 경험이나 실제 사례를 이야기하면 청중이 발표 내용을 쉽게 이해할 수 있다.

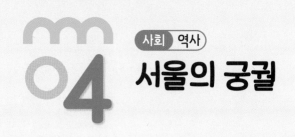

01 1 웅장   2 신분

02 1 ㉠   2 ㉡

03 ☑ 쇠퇴하였다

04 1 국경일   2 경축

05 ① 안스럽다

'안스럽다'는 틀린 표현으로 '안쓰럽다'가 바른 표현이다. '안쓰럽다'는 '마음에 미안하고 딱하다.'라는 뜻으로 하나의 어휘이다.
② 자연스럽다: 억지로 꾸미지 않아 이상함이 없다.
③ 조심스럽다: 잘못이나 실수가 없도록 말이나 행동에 마음을 쓰는 태도가 있다.
④ 고통스럽다: 몸이나 마음이 괴롭고 아픈 느낌이 있다.
⑤ 걱정스럽다: 걱정이 되어 마음이 편하지 않은 데가 있다.

06 1 ⟮올 듯하다⟯ / 올듯 하다   2 ⟮찾아올 만하다⟯ / 찾아올만 하다

'듯하다'는 앞말이 뜻하는 사건이나 상태 따위를 짐작하거나 추측함을 나타내는 말로, 한 어휘이므로 붙여 쓴다. '만하다' 역시 어떤 대상이 앞말이 뜻하는 행동을 할 타당한 이유를 가질 정도로 가치가 있음을 나타내는 말로, 한 어휘이므로 붙여 쓴다.

07 ☑ 달도 차면 기운다

몽골 제국은 크게 번성했다가 멸망했으므로 '세상의 온갖 것은 한번 번성하면 다시 약해지기 마련이다.'라는 뜻의 "달도 차면 기운다"라는 속담이 들어가기에 알맞다. 이 속담과 뜻이 비슷한 속담으로는 "그릇도 차면 넘친다"가 있다.

08 서울의 문화유산인 조선의 5대 │ 궁궐 │

이 글은 조선의 5대 궁궐인 경복궁, 창덕궁, 창경궁, 덕수궁, 경희궁에 대해 설명하고 있다.

09 ⑤ 고종이 임진왜란 때 불탔던 궁궐을 다시 지으면서 규모가 작아졌다.

임진왜란 때 불탔던 경복궁은 고종이 왕실의 번성을 바라는 마음을 담아 다시 지으면서 원래보다 더욱 웅장한 궁궐이 되었다.

10 ② 창덕궁

조선의 5대 궁궐 중 유네스코 세계 문화유산으로 지정된 아름다운 궁궐은 창덕궁이다.

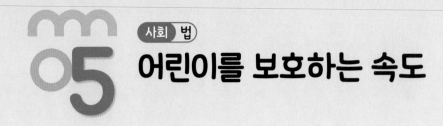

01 1 (빠르게 | 천천히)   2 (빠르게 | 천천히)

02 위반

03 1 살피다 | 어기다 | 지키다   2 막다 | 자유롭다 | 버려두다

04 1 과소비   2 과로

05 1 무관심   2 무질서   3 무조건

> '관심', '질서', '조건'이라는 어휘 앞에 '그것이 없다.'라는 뜻의 '무–'가 합해져 '무관심', '무질서', '무조건'이 된다.

06 ④ 서로 약속이나 다짐을 하고 나서 금방 태도를 바꾸어 행동하다.

> 말한 지 하루 만에 약속을 어긴 주원이에게 엄마는 "입술에 침도 마르기 전에 돌아앉는다"라는 속담을 썼다. 이 말은 '서로 약속이나 다짐을 하고 나서 금방 태도를 바꾸어 행동하다.'라는 뜻이다.
> ① '속이 빤히 들여다보이는 거짓말을 하다.'라는 뜻을 가진 속담으로는 "입술에 침이나 바르지"가 있다.
> ② '겉으로만 꾸며서 듣기 좋게 하는 말'이라는 뜻을 가진 속담으로는 "입술에 침 바른 소리"가 있다.
> ③ '아무리 익숙하고 잘하는 사람도 가끔 실수한다.'라는 뜻을 가진 속담으로는 "원숭이도 나무에서 떨어진다"가 있다.
> ⑤ '지난 일은 생각지 못하고 처음부터 잘난 듯이 뽐낸다.'라는 뜻을 가진 속담으로는 "개구리 올챙이 적 생각 못 한다"가 있다.

07 ② 장군은 전광석화같이 날쌘 동작으로 칼을 뽑아들었다.

> '전광석화'는 재빠른 움직임을 뜻하므로 ②의 장군이 날쌔게 칼을 뽑아드는 동작과 어울린다.

08 어린이 보호 구역의 목적과 특징

> 이 글에서는 어린이 보호 구역의 목적, 내용에 대해 설명하고 있다.

09 ② 어린이 교통사고 예방

> 어린이 보호 구역 제도는 어린이들이 안전하게 통학하도록 하고 어린이 교통사고를 예방하는 것을 목적으로 한다.

10 ③ 자동차는 시속 40킬로미터로 서행해야 한다.

> 어린이 보호 구역에서 자동차 운행 속도는 시속 30킬로미터 이내로 제한된다. 어린이 보호 구역에서 규정 속도를 이렇게 정한 까닭은 운전자가 돌발 상황에 대비하고, 교통사고로 인한 어린이의 부상을 줄이기 위해서이다.

06 뜨거워지는 지구

01 빙하

02 ① 분석 ② 온난화

03 ((위험) 소문), (걱정하는 (주의하는))

04 ① 착각 ② 감각

05 ① ((분류) 분석) ② (분류 (분석))

> ① 은 '분류'를, ② 는 '분석'을 사용해야 한다. '분류'는 일정한 기준을 잡아 나눌 때 사용하고, '분석'은 주로 어떤 것을 해석하는 경우에 사용한다.

06 ⑤ 대부분 숨겨져 있고 밖에 나타나 있는 것은 극히 일부분에 지나지 않다.

> '일각(一角)'은 한 귀퉁이 또는 한 부분이라는 뜻이다. '빙산의 일각'은 어떤 일의 일부만 나타나 있고 속으로 훨씬 더 많은 것이 숨겨져 있는 것을 가리킨다.
> ① 눈에 띄다
> ② 목이 빠지게 기다리다
> ③ 가면을 쓰다
> ④ 벌집을 쑤시다

07 ④ 그는 지난 일을 <u>일벌백계</u> 삼아 하루하루 반성하며 살고 있다.

> '일벌백계'는 나 아닌 다른 사람에게 경각심을 불러일으키는 것이므로 ④에서처럼 지난 일을 되돌아보며 스스로 교훈 삼는 내용에는 어울리지 않는다.

08 지구 ┊ 온난화 ┊ 의 뜻과 이로 인한 문제점

> 이 글은 지구 온난화가 왜 일어나고 있는지 설명하고, 지구 온난화로 인한 문제점과 지구 온난화를 막기 위해 노력할 점 등을 알려 주고 있다.

09 ⑤ 해안가의 낮은 지대가 물에 잠겨 주민들이 살 곳을 잃는다.

> 지구 온난화는 지구의 평균 기온을 높여 북극의 빙하를 녹게 하고, 해수면을 높아지게 한다. 해수면이 높아지면 해안가의 낮은 지대가 물에 잠겨 그곳에 사는 주민들은 살 곳을 잃게 된다.

10 ② 산림을 보호한다.

> 지구 온난화 문제를 해결하기 위해서는 화석 연료 대신 대체 에너지를 사용하고, 산림을 보호해야 한다.

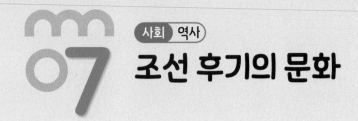

01 1 (있이 (없이))　2 (칭찬하다 (비판하다))

02 1 ㉠　2 ㉡

03 ☑ 포기하는

04 1 석　2 미

05 1 [(바라다) / 바래다]　2 [바라다 / (바래다)]

> 1 친구가 여행에서 일찍 돌아오기를 기대하거나 원한 것이므로 '바라다'가 알맞다.
> 2 옷의 색이 변한 것이므로 '바래다'가 알맞다.

06 ⑤ 어떤 대상이나 문제가 비판의 대상이 되다.

> 전동 킥보드에 부딪치는 사고가 자주 발생하자 전동 킥보드 사용 문제가 비판의 대상이 되고 있다는 뜻이어야 자연스럽다.
> ① 식은 밥이 되다: 효과나 효용 가치 따위가 없어지다.
> ② 칼을 빼들다: 결함, 문제 따위를 해결하려고 하다.
> ③ 마음이 돌아서다: 가졌던 마음이 아주 달라지다.
> ④ 자리를 잡다: 규율이나 질서 따위가 정착되어 제대로 이루어지다.

07 ③ 나는 영어 공부의 필요성을 느끼고 곧바로 영어 학원에 등록했다.

> 영어 공부의 필요성을 느끼고 곧바로 행동으로 옮겨 영어 학원에 등록했으므로 "쇠뿔도 단김에 빼랬다"라는 속담을 사용하기에 알맞다.

08 조선 후기에 발달한 서민 문화인 [한글 소설] 과 판소리

> 이 글은 조선 후기에 발달한 서민 문화를 대표적으로 보여 주는 한글 소설과 판소리에 대해 설명하고 있다.

09 ③ 양반들의 유학 사상

> 한글 소설에는 남녀 간의 사랑, 신분 제도에 대한 비판, 당시 서민들의 기원과 사회에 대한 풍자 등이 담겨 있다.

10 ⑤ 소리꾼이 즉흥으로 내용을 더하거나 뺄 수 있다.

> 판소리는 소리꾼이 즉흥으로 내용을 더하거나 뺄 수 있고, 관중도 참여할 수 있다는 특징이 있다.

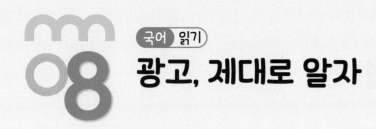
01 1 창의 2 간결

02 1 ㉡ 2 ㉠

03 1 복잡하다 | (간단하다) | 번거롭다   2 유쾌하다 | 흥미롭다 | (심심하다)

04 ☑ 거짓

05 ④ 엄마는 <u>요새</u> 날마다 공원으로 산책을 다닌다.

💬 '요새'는 '이제까지의 매우 짧은 동안'을 뜻하는 말로 '요–사이'의 짜임이다. 여기서 '새'는 '사이'를 줄인 것이므로 **보기**의 '–새'와는 다른 말이다.
① 짜임새: 글이나 이야기 따위가 앞뒤로 잘 연관되어 있는 상태
② 쓰임새: 쓰임의 정도나 쓰이는 곳
③ 생김새: 생긴 모양
⑤ 차림새: 옷 따위를 입거나 꾸민 모양

06 ② 마음에 당겨 재미를 붙이다.

💬 '맛을 붙이다'는 '마음에 당겨 재미를 붙이다.'라는 뜻이다.
① 입맛을 다시다
③ 뜨거운 맛을 보다
④ 입맛이 쓰다
⑤ 머리에 쥐가 나다

07 ☑ 지록위마(指鹿爲馬)

💬 '지록위마(指鹿爲馬)'는 사슴을 가리켜 말이라고 한다는 뜻으로, '허위 사실을 끝까지 우겨서 남을 속이거나 궁지로 몰아넣는 모습' 또는 '윗사람을 제 마음대로 이용해서 권세를 마음대로 휘두르는 모습'을 이른다.

08 ┌ 광고 ┐ 의 표현 특성과 ┌ 광고 ┐ 를 파악하는 방법

💬 이 글은 광고의 표현 특성을 설명하면서 광고를 파악할 때 주의할 점을 알려 주고 있다.

09 ⑤ 내용을 부풀리거나 감추지 않고 사실만을 제시한다.

💬 광고 중에서 특히 상업 광고는 판매에 유리한 정보는 부풀리고, 소비자에게 불리한 정보는 감춘다고 했다. 따라서 광고가 내용을 부풀리거나 감추지 않는다는 ⑤는 알맞지 않다.

10 준영

💬 광고를 읽을 때에는 광고가 부풀리거나 감추고 있는 내용은 없는지, 허위로 나타낸 것은 없는지 따져 보아야 한다.

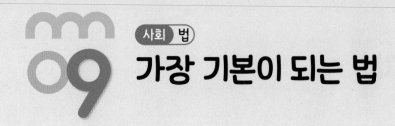

01 　■1 권력　■2 근거

02 　지향

03 　세웠다

04 　❶ 주최　❷ 주인공　❸ 주특기

05 　■1 ((지양)| 지향)　■2 (지양 |(지향))　■3 ((지양)| 지향)

■1 , ■3 하지 않아야 하는 자세를 말하고 있으므로 '지양'이 알맞다.
■2 세계화의 방향으로 나아가야 한다는 것을 말하고 있으므로 '지향'이 알맞다.

06 　⑤ 양심에 근거를 두다.

'가슴에 손을 얹다'는 '양심에 근거를 두다.'라는 뜻으로 관용 표현 다음에 이어지는 말이 진실이라는 뜻이다.

07 　① 교육은 한 나라의 장래를 결정하는 _____이다.

흔히 교육을 두고 나라의 '백년대계'라고 하는데, 교육이란 미래의 나라와 사회를 이끌어 갈 인재를 기르는 정책이기 때문에 먼 훗날까지 내다보아야 한다는 뜻이다.
② '어떤 일이 거침없이 빨리 진행됨을 이르는 말'인 '일사천리(一瀉千里)'가 알맞다.
③ '어떤 일을 빨리 진행하여 빨리 끝내다.'라는 뜻의 '속전속결(速戰速決)'이 알맞다.
④ '그때그때 처한 사태에 맞추어 즉각 그 자리에서 결정하거나 처리하다.'라는 뜻의 '임기응변(臨機應變)'이 알맞다.
⑤ '망설이기만 하고 결정을 짓지 못하다.'라는 뜻의 '우유부단(優柔不斷)'이 알맞다.

08 　우리나라 　헌법 　의 제정과 내용

이 글에서는 우리나라 헌법의 제정과 헌법에 포함된 내용을 설명하고 있다.

09 　⑤ 우리나라 최초의 헌법은 국민 투표로 결정되었다.

제5차 개정 헌법부터 국민 투표를 하여 헌법 조항들을 정하고 있다.

10 　③ 모든 권력은 국가로부터 나온다.

헌법에 모든 권력은 국민으로부터 나온다는 내용이 포함되어 있다.

10 식물에게 꼭 필요한 뿌리

본문 44-47쪽

01 양분

02 1 (쌓지 | (붙이지) | 제거하지) 2 (숨기고 | 가리고 | (드러내고))

03 1 ㉡ 2 ㉠

04 1 첨부 2 부합

05 1 [(겉핥기) / 겉핡기] 2 [(겉치레) / 겉치례] 3 [겉저리 / (겉절이)]

> 1 겉핥기: 속 내용은 제대로 파악하지도 못하고 겉만 슬쩍 보아 넘기는 일
> 2 겉치레: 겉만 보기 좋게 꾸미어 드러내다.
> 3 겉절이: 배추, 상추, 무 따위를 절여서 곧바로 무쳐 먹는 반찬

06 ② 호흡을 맞추다

> '호흡을 맞추다'는 '서로의 행동이나 생각을 잘 알고 처리하여 나가다.'라는 뜻의 관용 표현이다.

07 ⑤ 그때그때 자기 이익에 따라 같이 다니는 친구를 바꾸는 경우

> 그때그때 자기 이익에 따라 어울리는 친구를 바꾸는 것은 "간에 가 붙고 쓸개에 가 붙는다"라는 속담을 쓰기에 알맞다.
> ① 새도 가지를 가려 앉는다: 친구를 사귀거나 직업을 고를 때 신중하게 잘 가려야 한다.
> ② 친구 따라 강남 간다: 자기는 하고 싶지 않으나 남에게 끌려서 덩달아 하게 된다.
> ③ 가재는 게 편: 모양이나 형편이 비슷하고 인연이 있는 것끼리 서로 잘 어울린다.
> ④ 도토리 키 재기: 정도가 고만고만한 사람끼리 서로 다투다.

08 식물에서 [뿌리] 가 하는 역할과 여러 가지 [뿌리] 의 예

> 뿌리의 역할과 여러 가지 뿌리의 예에 대해 설명하고 있는 글이다.

09 ⑤ 대체로 식물이 크면 뿌리가 땅속으로 얕고 좁게 뻗는다.

> 대체로 식물이 크면 식물을 지탱하는 힘도 커야 되기 때문에 뿌리가 크고, 땅속으로 깊고 넓게 뻗는다.

10 ⑤ 개구리밥

> 당근, 고구마, 무, 인삼 등은 뿌리에 양분을 저장하는 식물인데, 이 식물들의 뿌리는 주로 음식이나 약으로 사용한다.

11 가장 아름다운 비율

수학 측정

01 ① (분명하다 | (분명하지 않다))   ② ((완전) | 심각)

02 흐릿하다 | (확실하다) | 애매하다

03 비율

04 ☑ 정의하고

05 ① ((명중률) | 명중율)   ② (실패률 | (실패율))

> ① '率'이 모음이나 'ㄴ' 받침 뒤에 나오지 않으므로 '률'로 적는다.
> ② '率'이 모음 'ㅐ' 뒤에 나오므로 '율'로 적는다.

06 ① ☑ 나는 집에 오후 5시에 들어갈 예정이다.

② ☑ 1킬로미터만 더 가면 목적지가 나온다.

> ① '일찍'은 모호한 표현이고, '오후 5시'는 의미가 분명한 표현이다.
> ② '조금만'은 모호한 표현이고, '1킬로미터'는 의미가 분명한 표현이다.

07 ⑤ 현실 세상이 아닌 것처럼 아름답고 이상적인 곳

> '무릉도원(武陵桃源)'은 무릉에 있는 복숭아나무가 있는 언덕이라는 뜻으로, 이 세상이 아닌 것처럼 아름답고 이상적인 곳을 이르는 말이다.

08 가장 이상적이고 아름다운 비율인 [황금비]

> 이 글은 황금비의 뜻을 소개하고, 고대 그리스의 두 학자가 황금비를 어떻게 정의했는지 설명하고 있다.

09 ① 대략 1:1.6의 비율에서 나타난다.

> 피타고라스는 황금비가 1:1.6, 유클리드는 1:1.618 비율임을 찾았다. 따라서 황금비는 대략 1:1.6의 비율에서 나타난다는 것을 알 수 있다.
> ② 고대 그리스의 수학자인 피타고라스와 유클리드가 발견했다.
> ③ 황금비를 정오각형 안의 별 모양에서 발견한 사람은 피타고라스다.
> ④ 사람이 생각하는 가장 이상적이고 아름다운 비율을 뜻한다.
> ⑤ 황금비를 한 선분을 둘로 나눈 것에서 발견한 사람은 유클리드다.

10 수안

> 다비드 상과 파르테논 신전은 황금비 외에도 다른 비율을 찾을 수 있기 때문에 황금비만 사용했다고 보기에는 모호하다고 했다.

01 **1** 객관적 **2** 명료

02 논리

03 **1** ㉠ **2** ㉡

04 **1** 수상 **2** 수익

05 ⑤ 어깨가 왼쪽으로 <u>치우치다.</u>

> '치우치다'는 균형을 잃고 한쪽으로 쏠린다는 뜻의 한 어휘이므로 '–우–'를 떼어 나눌 수 없다.
> ① 찌우다 → 찌–+–우–+–다   ② 돋우다 → 돋–+–우–+–다
> ③ 피우다 → 피–+–우–+–다   ④ 깨우다 → 깨–+–우–+–다

06 ☑ 가슴이 넓다

> 자식들의 잘못을 다 이해해 주고, 그들의 의견을 최대한 받아들이려는 엄마의 모습은 이해심이 많다는 뜻의 '가슴이 넓다'가 어울린다. 반대로 이해심이 없다는 뜻의 관용 표현은 '가슴이 좁다'이다.

07 ③ 범인은 _____한 증거가 나오자 바로 잘못을 인정했다.

> 범인이 의심할 여지가 없이 뚜렷한 증거가 나오자 잘못을 인정했다는 것이 자연스러우므로 ③이 '명명백백'이 들어가기에 알맞다.
> ① 자포자기(自暴自棄): 절망에 빠져 스스로 자신을 돌보지 않고 모든 일을 포기하다.
> ② 정정당당(正正堂堂): 태도나 수단이 올바르고 떳떳하다.
> ④ 비일비재(非一非再): 어떤 현상이나 일이 한두 번이 아니라 흔하게 자주 있다.
> ⑤ 가가호호(家家戶戶): 한 집 한 집

08 [논설문]의 특성과 [논설문]을 쓰는 방법

> 이 글은 논설문의 뜻과 특성을 설명하고, 짜임에 맞게 논설문을 쓰는 방법을 구체적으로 알려 주고 있다.

09 ③ 하나의 주장에 하나의 근거만 제시한다.

> 2문단에서 글쓴이의 생각과 의견을 구체적으로 내세우기 위해 하나의 주장에 여러 개의 근거를 제시할 수도 있다고 했다.

10 ④ 주장과 그에 대한 근거를 전개한다.

> 논설문의 본론에는 주장과 그에 대한 근거를 논리에 맞게 전개한다.
> ①, ③ 서론에 들어갈 내용이다.
> ②, ⑤ 결론에 들어갈 내용이다.

13 일본에 맞서 싸운 군대

본문 56-59쪽

01 ① (숨기다 │ (인정하다)) ② (혼자 │ (같이))

02 창설

03 ☑ 압박

04 ① 동반 ② 공동

05 ① 무감각 ② 불가능 ③ 비협조

06 ① (창설된지 │ (창설된 지)) ② ((비싼지)│ 비싼 지) ③ ((깔끔한지)│ 깔끔한 지)

   💬 ① 방송국이 창설된 때로부터 지금까지의 동안을 뜻하므로 앞말과 띄어 쓰는 '지'를 쓴다.
   ② 티셔츠 하나만 겨우 산 이유(옷이 비싸서)를 나타내므로 앞말에 붙여 쓰는 '-ㄴ지'를 쓴다.
   ③ 방 안이 항상 정돈되어 있는 이유(형이 깔끔해서)를 나타내므로 앞말에 붙여 쓰는 '-ㄴ지'를 쓴다.

07 ☑ 항복하다.

   💬 '무릎을 꿇다', '고개를 숙이다', '백기를 들다'는 '누군가에게 항복하거나 굴복하다.'의 뜻을 공통으로 지니고 있다.

08 한국광복군 이 창설된 배경과 주요 활동

   💬 이 글은 한국광복군이 어떻게 창설되었는지 제시하고, 주로 어떤 활동을 했는지 설명하고 있다.

09 ② 국내에 진입하여 미군과 함께 일본을 몰아냈다.

   💬 대한민국 임시 정부는 한국광복군을 국내에 진입시켜 미군과 함께 일본을 몰아낼 작전을 준비했다. 그러나 일본이 갑자기 항복을 선언해서 작전을 실행하지는 못했다.

10 ② ☑ 자주 독립을 이루려면 우리 힘으로 일본의 항복을 받아 내야 한다.

   💬 임시 정부는 ②와 같은 생각을 해서 한국광복군을 국내에 진입시킬 작전을 세웠다.
   ① 임시 정부는 군대의 힘을 키워 독립운동을 효과적으로 하려는 계획이었으므로 알맞지 않다.
   ③ 임시 정부는 중국 정부의 협조를 얻어 한국광복군을 창설했다.

14 산성과 염기성을 구별해요

본문 60-63쪽

01 과다

02 1 특별하다 | (구별하다) | 차별하다   2 (가깝다) | 빠르다 | 모르다

03 1 ㉠   2 ㉡

04 1 다양   2 다수결   3 다정

05 1 추카   2 조타   3 그피   4 올치

> 1 'ㄱ'이 'ㅎ'을 만나면 [ㅋ]으로 소리 나므로 [추카]로 발음한다.
> 2 'ㅎ'이 'ㄷ'을 만나면 [ㅌ]으로 소리 나므로 [조타]로 발음한다.
> 3 'ㅂ'이 'ㅎ'을 만나면 [ㅍ]으로 소리 나므로 [그피]로 발음한다.
> 4 'ㄶ' 중에서 'ㅎ'이 'ㅈ'을 만나면 [ㅊ]으로 소리 나므로 [올치]로 발음한다.

06 1 ㉢   2 ㉡   3 ㉠

07 ④ 우리 축구팀의 공격수와 수비수는 <u>순망치한</u>처럼 서로를 의지한다.

> ④는 공격수와 수비수가 서로 도우며 의지하는 상황을 나타내므로, '순망치한'을 활용하기에 알맞다.
> ① 호시탐탐(虎視眈眈): 남의 것을 빼앗기 위하여 가만히 기회를 엿보다.
> ② 결자해지(結者解之): 자기가 저지른 일은 자기가 해결해야 한다.
> ③ 용두사미(龍頭蛇尾): 시작할 때는 대단해 보이지만 끝으로 갈수록 점점 기세가 줄어들다.
> ⑤ 새옹지마(塞翁之馬): 좋은 일이 다시 나쁜 일이 될 수도 있고 나쁜 일이 다시 좋은 일이 될 수도 있어 인생은 예측하기 어렵다.

08 산성 용액과 [염기성] 용액의 구별과 활용

> 이 글에서는 산성 용액과 염기성 용액을 설명하고, 우리 생활에서 산과 염기를 어떻게 활용하고 있는지 설명하고 있다.

09 ③ 비눗물

> 비눗물은 염기성 용액으로, 붉은색 리트머스 종이는 비눗물이 묻으면 푸르게 변한다.

10 ㉠

> 국을 끓일 때 소금을 넣어 간을 맞추는 것은 소금의 짠맛을 이용하는 것일 뿐 산성 용액이나 염기성 용액을 활용하는 것과 관련이 없다.
> ㉡은 염기성 용액을 사용하는 예이고, ㉢과 ㉣은 산성 용액을 사용하는 예이다.

15 인간으로서의 권리

본문 64-67쪽

01 1 ((적은)| 많은)   2 (낮고 |(높고))

02 인권

03 ☑ 보장해

04 1 존중   2 존경

05 ③ 민주는 운동으로서 체력을 유지한다.

> 민주가 '운동'이라는 수단을 이용하여 체력을 유지했다는 것이므로 '운동으로써'가 맞다.
> ① 콩을 재료로 하여 두부를 만든다는 것이므로 '콩으로써'가 맞다.
> ② 말을 도구로 하여 빚을 갚는다는 것이므로 '말로써'가 맞다.
> ④ 친구 자격으로 충고한다는 것이므로 '친구로서'가 맞다.
> ⑤ 의사의 신분임을 나타내므로 '의사로서'가 맞다.

06 ④ 입이 천 근 같다

> '근'은 무게의 단위로, 입이 천 근이나 된다는 것은 매우 무겁다는 뜻이다. 즉 ④는 '매우 입이 무거워 아는 이야기를 함부로 옮기지 않는다.'라는 뜻으로 비밀을 보장한다는 내용과 어울린다.
> ① 음식을 적게 먹거나 가려 먹는 버릇이 있다.
> ② 어떤 일이나 말 따위가 못마땅하여 기분이 언짢다.
> ③ 어떤 생각이나 사실을 말로 드러내다.
> ⑤ 가난하여 먹지 못하고 오랫동안 굶다.

07 ④ 아주 하찮은 일이나 극히 적은 양

> 속담 "새 발의 피"는 새의 가느다란 발에서 나오는 피라는 뜻으로, 아주 하찮은 일이나 극히 적은 양을 말한다.

08 세계 | 인권 | 선언이 만들어진 배경과 이 선언의 의의

> 이 글은 세계 인권 선언이 발표된 역사적 배경과 이 선언의 의의에 대해 설명하고 있다.

09 ㉢

> 세계 인권의 날은 매년 12월 10일로, 1948년 12월 10일에 유엔 총회에서 세계 인권 선언을 발표한 것을 기념하기 위해 지정되었다.

10 ② 전 세계적으로 전쟁을 중단시키는 계기가 되었다.

> 두 차례의 세계 대전이 일어나 많은 사람이 희생된 사건이 인권 보호에 대한 생각을 가지게 만들었다. 하지만 세계 인권 선언이 전 세계의 전쟁을 중단하게 했다는 내용은 확인할 수 없다.

01 **1** 축적　　**2** 인위적

02 **1** ⓛ　　**2** ⓒ　　**3** ㉠

03 **1** (자연적　(인공적))　　**2** ((개입하지)　강조하지)

04 **1** 관심　　**2** 무관

05 **1** [싸여 / (쌓여)]　　**2** [(싸여) / 쌓여]

　　해설 **1** '쌓이다'의 뜻으로 쓰였으므로 '쌓여'가 바른 표기이다.
　　　　 2 '싸이다'의 뜻으로 쓰였으므로 '싸여'가 바른 표기이다.

06 ⑤ 남의 잔치에 감 놓아라 배 놓아라 한다

　　해설 ⑤는 남의 일에 괜히 간섭하고 나선다는 뜻으로 미리가 진수에게 사용하기에 알맞다.
　　　　① 제 것으로 만들지 못할 바에야 남도 갖지 못하게 못쓰게 만들자는 뒤틀린 마음
　　　　② 아무 관계없이 한 일이 공교롭게도 때가 같아 어떤 관계가 있는 것처럼 의심을 받게 된다.
　　　　③ 떠들썩한 소문이나 큰 기대에 비해 실속이 없거나 소문이 실제와 다르다.
　　　　④ 모든 일은 근본에 따라 거기에 걸맞은 결과가 나타난다.

07 ⑤ 동생이 강아지를 키우고 싶다며 <u>천신만고</u>로 고집을 부렸다.

　　해설 동생이 강아지를 키우고 싶다며 고집을 부리는 상황에는 '천신만고(千辛萬苦)'가 아니라, '어찌할 수 없다.'라는 뜻의
　　　　'막무가내(莫無可奈)'가 어울린다. '막무가내'는 고집이 너무 세거나 자기주장만 내세우는 경우에 사용하는 말이다.

08 [배설]의 뜻과 [배설] 기관이 하는 일

　　해설 이 글은 배설의 개념과 배설 기관이 하는 일을 설명하고 있다.

09 ④ 배설은 섭취한 음식물을 우리 몸의 에너지로 만드는 과정이다.

　　해설 노폐물이 땀과 오줌이 되어 몸밖으로 나가는 과정을 배설이라고 한다.

10 ④ 노폐물이 우리 몸에 쌓인다.

　　해설 콩팥은 혈액 속 노폐물을 걸러 내는 역할을 하는데, 콩팥이 손상되면 노폐물이 몸에 쌓여 생명이 위험할 수 있다.

01 1 (**앞서다** | 뒤떨어지다)   2 (높이다 | **깎아내리다**)

02 1 국가 | **문화** | 생물   2 선배 | 전진 | **후진**

03 1 ㉠   2 ㉡

04 1 행   2 과

05 1 [**흘러내린다** / 흘러 내린다]   2 [**쓸어내렸다** / 쓸어 내렸다]   3 [**깎아내리는** / 깎아 내리는]

> 1 '흘러내리다'는 '물 따위가 높은 곳에서 낮은 곳으로 흐르거나 떨어지다.'라는 뜻의 한 어휘이므로 붙여 쓴다.
> 2 '쓸어내리다'는 '곤란하거나 어려운 일, 근심, 걱정 따위가 해결되어 안도하다.'라는 뜻의 한 어휘이므로 붙여 쓴다.
> 3 '깎아내리다'는 '인격이나 권위 따위를 헐뜯어서 떨어지게 하다.'라는 뜻의 한 어휘이므로 붙여 쓴다.

06 1 한발 앞서다   2 눈물이 앞서다

> 1 한발 앞서다: 적은 차이로 나은 위치나 수준을 차지하다.
> 2 눈물이 앞서다: 말을 하지 못하고 눈물을 먼저 흘리다.

07 ③ 남의 흉이 한 가지면 제 흉은 열 가지

> ③은 '쓸데없이 남의 흉을 보지 말아야 한다.'라는 뜻으로, 민주가 남의 흉을 보는 영일이에게 사용하기에 알맞다.
> ① 쓸데없이 화를 내면 저만 해롭다.
> ② 같은 부류의 슬픔이나 괴로움 따위를 동정하다.
> ④ 시작할 때와 다르게 초라하고 엉뚱한 것을 만들게 되다.
> ⑤ 해 줄 사람은 생각지도 않는데 미리부터 다 된 일로 알고 행동한다.

08 『 열하일기 』에 담긴 박지원의 생각

> 이 글은 박지원이 『열하일기』를 쓴 배경과 『열하일기』에 담긴 내용을 설명하고 있다.

09 ⑤ 농업이 발달해야 나라가 강해진다는 주장이 담겨 있다.

> 박지원은 청나라가 상업이 발달하여 세계적인 나라가 된 것처럼 조선도 상업이 발달해야 나라가 강해질 것이라고
> 생각했다.

10 ③ 청나라의 문물을 배울 필요가 없다.

> 조선의 양반들은 청나라를 오랑캐의 나라라고 폄하하며 청나라의 문물을 배울 생각을 하지 않았다.

18 피라미드는 어떻게 만들었나

01 ④ 조잡하다

'조잡하다'는 솜씨가 깔끔하게 다듬어지지 않아 거칠다는 뜻이다.

02 **1** ㉡   **2** ㉠

03 **1** 짓다 | (재다) | 만들다   **2** 크다 | (작다) | 깊다

04 **1** 인   **2** 량

05 **1** 거대하든지 / (거대하던지)   **2** (선택하든지) / 선택하던지   **3** 정교하든지 / (정교하던지)

06 ((물속) 사람 속), (물속 (사람 속))

이 글에서 설명하는 속담은 사람의 속마음을 알기가 매우 어렵다는 뜻의 "열 길 물속은 알아도 한 길 사람 속은 모른다"이다. 이와 뜻이 비슷한 속담으로는 "사람 속은 천 길 물속이라", "천 길 물속은 알아도 한 길 사람 속은 모른다"가 있다.

07 ③ 그는 오랜 훈련 끝에 <u>대기만성</u>으로 프로 선수가 되었다.

③은 오랫동안 훈련한 결과 프로 선수가 된 상황을 나타내므로 '대기만성(大器晩成)'을 쓰기에 알맞다.
① 각주구검(刻舟求劍): 현실에 맞지 않는 낡은 생각을 고집하는 어리석음. 어떤 사람이 배에서 칼을 물속에 떨어뜨리고, 그 위치를 뱃전에 표시하였다가 나중에 배가 움직인 것을 생각하지 못하고 칼을 찾으려 했다는 데서 유래한다.
② 감탄고토(甘呑苦吐): 자신의 기분이나 생각에 따라 옳고 그름을 판단한다. 달면 삼키고 쓰면 뱉는다는 뜻이다.
④ 허장성세(虛張聲勢): 능력도 없으면서 큰소리치거나 허세를 부리다.
⑤ 오십보백보(五十步百步): 조금 낫고 못한 정도의 차이는 있으나 본질적으로는 차이가 없다.

08 정교한 건축 기술로 설계된 | 피라미드 |

고대 이집트의 무덤인 피라미드가 어떻게 지어졌는지 수학적으로 접근하여 설명하고 있다.

09 ⑤ 피라미드 외에 고대 이집트인들이 만든 건축물

이 글은 피라미드에 대해서만 설명하고 있다. 피라미드 외에 고대 이집트인들이 만든 건축물은 나와 있지 않다.

10 ① ☑ 모든 면을 정사각형 모양으로 만들어야겠군.

피라미드는 밑면은 정사각형이고, 네 개의 옆면은 정삼각형인 사각뿔 모양을 띠고 있다.

01 **1** (작아지거나 줄어들다 | (커지거나 늘어나다)) **2** (좋은 | (좋지 않은))

02 응결

03 **1** ㉠ **2** ㉡

04 **1** 연결 **2** 결실

05 **1** 늘어놓다 **2** 늘어나다 **3** 늘어지다

> **1** 옷이 어수선하게 있는 상태이므로 '늘어놓다'가 알맞다.
> **2** 재산이 많아진 상황이므로 '늘어나다'가 알맞다.
> **3** 밤을 새워 몸을 가누기 힘든 상황이므로 '늘어지다'가 알맞다.

06 ③ 말이 말을 만든다

> "말이 말을 만든다"는 '여러 사람의 입을 거치는 동안 말의 내용이 과장되고 변한다.'라는 뜻의 속담으로, 밑줄 그은 부분에 들어가기에 알맞다.
> ① 말을 그칠 줄 모르고 잘한다.
> ② 늘 말하던 것이 마침내 사실대로 되다.
> ④ 말 속에 겉에 드러나지 않은 진정한 의미가 숨어 있다.
> ⑤ 말만 잘 하면 어려운 일이나 불가능해 보이는 일도 해결할 수 있다.

07 ④ 동생 몫의 과자까지 빼앗아 먹었다가 배탈이 나다니 <u>인과응보</u>다.

> 동생의 과자까지 먹겠다고 욕심을 부리다가 배탈이 나는 나쁜 결과를 가져온 것이므로, ④가 알맞다.
> ① 함흥차사(咸興差使): 심부름을 가서 오지 않거나 늦게 오다.
> ② 부화뇌동(附和雷同): 줏대 없이 남의 의견에 따라 움직이다.
> ③ 작심삼일(作心三日): 결심이 굳지 못하다.
> ⑤ 연목구어(緣木求魚): 도저히 불가능한 일을 굳이 하려 하거나 방법이 맞지 않다.

08 이산화 탄소 의 특징과 여러 가지 쓰임

09 ② 생물이 숨을 쉴 때 나오는 기체이다.

> 이산화 탄소는 생물이 숨을 쉬거나, 물질이 불에 탈 때 생기는 기체이다.
> ① 이산화 탄소는 냄새가 나지 않는다.
> ③, ⑤ 화석 연료를 사용할 때 나오는 이산화 탄소는 온실 효과를 일으키기 때문에 지구 온난화의 원인이 된다.
> ④ 이산화 탄소는 동물, 식물 모두에게 없어서는 안 된다.

10 ① 옷을 만들 때

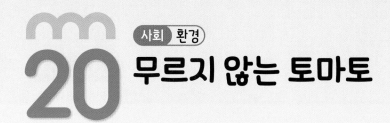
01 ❶ 농산물　❷ 병충해

02 ❶ ((사실) | 거짓)　❷ ((달라지게) | 유지되게)

03 ④ 병충해 > 벌레

04 ㉡

> '갈증'은 '증세 증(症)' 자가 쓰인다.

05 ❶ 그어　❷ 이어　❸ 저어

06 ⑤ 콩으로 메주를 쑨다 해도 곧이듣지 않는다

> ⑤는 '아무리 사실대로 말해도 믿지 않는다.'라는 뜻이므로 민호의 말을 믿지 않는 민지의 태도를 나타내기에 알맞다.
> ① 정성을 다한 일은 헛되지 않아 반드시 좋은 결과를 얻는다.
> ② 일이 이미 잘못된 뒤에는 손을 써도 소용이 없다.
> ③ 무슨 일이나 그 일의 시작이 중요하다.
> ④ 아무리 능력이 없는 사람이라도 한 가지 재주는 있다.

07 ② 환골탈태(換骨奪胎)

> '환골탈태(換骨奪胎)'는 '뼈를 바꾸고 태를 벗다.'라는 뜻으로 사람의 용모, 성격 등이 보다 나은 방향으로 변하여 전혀 딴사람처럼 되었을 때를 가리켜 사용한다.
> ① 실제로 결과가 같은 것을 두고 나쁜 꾀를 써서 다른 것처럼 속이다.
> ③ 많으면 많을수록 더욱 좋다.
> ④ 인재를 맞아들이기 위하여 참을성 있게 노력하다.
> ⑤ 두 사람이 서로 싸우는 사이에 엉뚱한 사람이 애쓰지 않고 이익을 가로채다.

08 | 유전자 | 재조합의 뜻과 | 유전자 | 재조합 식품에 대한 논란

> 이 글은 유전자 재조합의 뜻과 유전자 재조합 식품에 대한 논란, 유전자 재조합 식품 표시제에 대해 설명하고 있다.

09 ④ 유전자 재조합 식품이 세계의 식량 부족 문제를 악화시켜서

> 병충해에 강한 유전자 재조합 식품이 개발되어 수확량이 늘어나면 식량 문제를 해결할 수 있다.

10 주아

> '유전자 재조합 식품 표시제'를 실시하면 소비자가 식품에 유전자를 재조합한 농산물 등을 사용했는지 알고 식품을 고를 수 있다.
> • 진규: 유전자 재조합 식품은 무르지 않는 토마토가 개발된 이후 옥수수, 콩, 감자 등이 개발되었다.
> • 승연: 우리나라는 2001년부터 '유전자 재조합 식품 표시제'를 실시하고 있다.

실력 확인 1회

1 주권

2 논리

3 세금

4 ㉠

㉡은 '축적'의 뜻이다.

5 ㉡

㉠은 '폄하'의 뜻이다.

6 ② 다르게 하여 바꾸다.

① '거대'의 뜻으로, '몸집이 거대하다.'와 같이 쓰인다.
③ '검증'의 뜻으로, '가설을 검증하다.'와 같이 쓰인다.
④ '지향'의 뜻으로, '세계 평화를 지향한다.'와 같이 쓰인다.
⑤ '분석'의 뜻으로, '원인을 분석하다.'와 같이 쓰인다.

7 ③ 팽창: 모양이나 형태가 달라지거나 달라지게 하다.

③은 '변형'의 뜻이다. '팽창'은 '부풀어서 크기가 커지거나 늘어나다.'라는 뜻이다.

8 ① 보장

'보장'은 '어떤 일이 어려움 없이 이루어지게 확실히 약속을 하거나 보호하다.'라는 뜻이다. 첫 번째 문장은 국민의 권리를, 두 번째 문장은 탑승자의 안전을 보호한다는 내용이므로 괄호 안에는 '보장'이 들어가는 것이 알맞다.

9 ③ 할 일이 없어 모호한 시간에는 운동을 하는 것도 좋다.

'모호하다'는 '말이나 태도 등이 분명하지 않다.'라는 뜻으로 할 일이 없고 심심할 때는 운동을 하는 것이 좋다는 ③의 문장에 어울리지 않는다. ③에는 '흥미 있는 일이 없어 심심하고 지루하다.'라는 뜻의 '무료'라는 어휘가 어울린다.
① '신분'은 '개인이 사회에서 갖는 위치나 지위'라는 뜻이다.
② '병충해'는 '곡식이나 채소가 병이나 벌레때문에 입는 피해'라는 뜻이다.
④ '창설'은 '기구, 단체, 조직 등을 처음으로 세우거나 만들다.'라는 뜻이다.
⑤ '실제'는 '있는 그대로의 상태나 사실'이라는 뜻이다.

10 ☑ 이상적

'이상적'은 '생각할 수 있는 범위 안에서 가장 완전하다고 여겨지는 것'이라는 뜻이다.

11 ☑ 성질

'성질'은 '사물이나 현상이 가지고 있는 다른 것과 구별되는 특징'이라는 뜻이다.

12 ② 달갑다, 기원하다

'달갑다'는 '마음에 들어 좋다.'라는 뜻이고, '기원하다'는 '바라는 일이 이루어지기를 빌다.'라는 뜻이다.

13 ② 가까운

'긴밀하다'는 '서로의 관계가 매우 가깝다.'라는 뜻이므로 ②와 바꾸어 쓸 수 있다.
① 과다하다: 너무 많다. 지나치게 많다.
③ 간결하다: 간단하면서도 짜임새가 있다.
④ 정교하다: 솜씨나 기술 따위가 아주 빈틈이 없이 자세하고 뛰어나다.
⑤ 명료하다: 뚜렷하고 분명하다.

14 ③ 인위적, 자연적

'인위적'은 '자연의 힘이 아닌 사람의 힘으로 이루어진 것'이라는 뜻이고, '자연적'은 '사람의 손길이 가지 아니한 자연 그대로의 모습을 지닌 것'이라는 뜻이므로 두 어휘의 뜻은 반대이다.

15 항복

'항복'은 '싸움에 진 것을 상대에게 인정하다.'라는 뜻이다.

16 응결

'응결'은 '기체가 온도가 내려가거나 압력 변화 때문에 액체로 변하다.'라는 뜻이다.

17 고갈

'고갈'은 '다 써서 없어지다.'라는 뜻이다.

18 ② 이야기를 함부로 옮기지 않는

① '가슴이 넓다'의 뜻이다. ③ '입 밖에 내다'의 뜻이다. ④ '발목을 잡히다'의 뜻이다. ⑤ '한발 앞서다'의 뜻이다.

19 ① 세력이 번성했던 나라가 세력이 줄어들었다.

"달도 차면 기운다"는 차올랐다가 작아지는 달처럼, 세상 모든 것이 한번 세력이 커지면 다시 약해진다는 뜻이다.
② "꿩 먹고 알 먹는다"와 "도랑 치고 가재 잡는다"라는 속담을 사용하기에 알맞다.
③ "쇠뿔도 단김에 빼랬다"라는 속담을 사용하기에 알맞다.
④ "간에 가 붙고 쓸개에 가 붙는다"라는 속담을 사용하기에 알맞다.
⑤ "적을 잘 알고 자신을 잘 아는 자는 백 번 싸워 백 번 이긴다."라는 속담을 사용하기에 알맞다.

20 ④ 목표

실력 확인 2회

1 경사

2 인권

3 선진

4 주범

5 1 (천천히 | 빠르게)　2 (중력 | 기온)　3 (있던 | 없던)　4 (위험 | 관심)

6 ④ 어떤 사람이나 사실을 다른 것에 빗대어 재치 있게 비판하다.

💬 ① '노출하다'의 뜻이다.
② '입각하다'의 뜻이다.
③ '정교하다'의 뜻이다.
⑤ '존엄하다'의 뜻이다.

7 ③ 고갈: 목표를 향해서 일을 밀고 나아가다.

💬 ③의 '고갈'은 '다 써서 없어지다.'라는 뜻이다. '목표를 향해서 일을 밀고 나아가다.'는 '추진'의 뜻이다.

8 ④ 국어사전에서는 어휘의 뜻을 <u>수립하여</u> 밝히고 있다.

💬 ④는 국어사전에서 어휘의 뜻을 밝혀 정한다는 문장이다. 그러므로 '어떤 말이나 사물의 뜻을 뚜렷하게 밝혀 분명하게 정하다.'라는 뜻의 '정의하다'를 쓰는 것이 적절하다. '수립하다'는 '국가, 정부, 제도, 계획 따위를 세우다.'라는 뜻이다.
① '호흡하다'는 '숨을 쉬다.'라는 뜻이다.
② '축적되다'는 '돈·지식·경험 등이 모여서 쌓이다.'라는 뜻이다.
③ '소수'는 '적은 수'라는 뜻이다.
⑤ '메스껍다'는 '토할 것처럼 속이 몹시 울렁거리는 느낌이 있다.'라는 뜻이다.

9 ☑ 동참했다.

💬 '동참하다'는 '어떤 모임이나 일에 같이 참가하다.'라는 뜻이다.

10 ☑ 효율

💬 '효율'은 '들인 힘과 노력에 비하여 실제로 얻은 효과의 정도를 나타내는 비율'이라는 뜻이다.

11 ☑ 구체적

💬 '구체적'은 '잘 알 수 있을 만큼 본보기가 있거나 자세한 것'이라는 뜻이다.

12 ⑤ 모호하다, 분명하다

'모호하다'는 '말이나 태도 등이 분명하지 않다.'라는 뜻이고, '분명하다'는 '태도나 목표 따위가 흐릿하지 않고 확실하다.'라는 뜻으로 두 어휘의 뜻은 반대이다. ①, ②, ③, ④는 뜻이 비슷한 어휘로 짝 지어졌다.

13 ① 웅장한

'웅장하다'는 '규모가 크고 성대하다.'라는 뜻으로 밑줄 그은 말과 바꾸어 쓰기에 알맞다.

14 ① 폄하

첫 번째 문장은 낮은 신분 때문에 그 사람의 업적을 깎아내리면 안 된다는 내용이고, 두 번째 문장은 조선의 양반들은 청나라의 발전된 문물을 배우기보다 그 가치를 깎아내렸다는 내용이다. 따라서 두 문장의 괄호 안에는 '가치를 깎아내리다.'라는 뜻의 '폄하'가 들어가는 것이 알맞다.
② '위반'은 '법률, 명령, 약속 따위를 지키지 않고 어기다.'라는 뜻으로 '속도를 위반하다.'와 같이 쓰인다.
③ '추진'은 '목표를 향해서 일을 밀고 나아가다.'라는 뜻으로 '계획대로 일을 추진하다.'와 같이 쓰인다.
④ '설계'는 '건설, 공사 따위에 관한 계획을 세우거나 그 계획을 그림 등으로 나타내다.'라는 뜻으로 '설계대로 건물을 짓다.'와 같이 쓰인다.
⑤ '변형'은 '모양이나 형태가 달라지거나 달라지게 하다.'라는 뜻으로 '발의 모양이 변형되었다.'와 같이 쓰인다.

15 관여

'관여'는 '어떤 일에 관계하여 참여하다.'라는 뜻이다.

16 검증

'검증'은 '검사하여 사실이라는 것을 증명하다.'라는 뜻이다.

17 과속

'과속'은 '자동차 등이 정해진 속도보다 지나치게 빠르게 달리다.'라는 뜻이다.

18 ⑤ 도마 위에 오르다

'도마'는 칼로 음식의 재료를 썰거나 다질 때에 밑에 받치는 것이므로 도마 위에 오른 재료는 곧 칼로 잘리게 된다. 따라서 관용어 '도마 위에 오르다'는 잘못된 점을 밝히거나 지적 받는 대상이 됨을 나타낸다.
① 물건이나 의견 따위를 받아들이지 않고 물리치다.
② 마음에 당겨 재미를 붙이다.
③ 서로의 행동이나 생각을 잘 알고 처리하여 나가다.
④ 양심에 근거를 두다.

19 ④ 남의 일에 괜한 간섭을 하지 말아야 한다.

20 ① 많이 변했다.

속담·한자 성어 깊이 알기

달도 차면 기운다
-
본문 22쪽

밤하늘에 떠 있는 달은 그 모양이 날마다 조금씩 달라집니다. 초승달이 점점 차서 반달이 되었다가 커다랗고 둥근 보름달이 됩니다. 보름달은 조금씩 줄어들어 반달이 되고, 또다시 손톱 모양의 그믐달이 됩니다. 이 속담은 커다란 보름달이 줄어들어 그믐달이 되듯이, '세상의 온갖 것은 한번 번성하면 다시 약해지기 마련이거나, 행운이 언제까지나 계속되지 않는다.'라는 뜻입니다. 뜻이 비슷한 속담으로는 "그릇도 차면 넘친다"가 있습니다.

예 달도 차면 기우는 법인데, 지금 일이 잘 풀린다고 해서 너무 자만하지 말거라.

남의 잔치에 감 놓아라 배 놓아라 한다
-
본문 70쪽

옛날에는 집안에 좋은 일이 있으면 여러 가지 음식을 차려 놓고 마을 사람들을 초대해 잔치를 벌였습니다. 마을 사람들 역시 축하하는 마음으로 맛있게 먹고 즐겁게 놀았습니다. 하지만 이렇게 흥겨운 잔칫집에도 음식이 부족하다느니, 이 음식은 여기다 놓아야 한다느니 하며 이래라저래라 간섭을 하는 사람이 있기 마련입니다. 이처럼 이 속담은 '자기와 상관없는 남의 일에 쓸데없이 간섭하고 나선다.'라는 뜻입니다.

예 남의 잔치에 감 놓아라 배 놓아라 하지 말고 네가 해야 할 일이나 챙기렴.

말은 청산유수다
-
본문 82쪽

'청산유수(푸르다 靑, 산 山, 흐르다 流, 물 水)'는 '푸른 산에 흐르는 맑은 물'이라는 뜻으로, 산속을 거침없이 흐르는 물줄기처럼 말이 막힘없이 흘러나오는 모습을 나타냅니다. 즉 이 속담은 '말을 거침없이 잘 한다.'라는 뜻으로, 긍정적인 의미도 있지만 말만 잘한다는 부정적인 의미로 쓰이기도 합니다.

예 말은 청산유수라고, 형은 엄마한테 혼이 나면서도 끝까지 변명을 늘어놓았다.

콩으로 메주를 쑨다 해도 곧이듣지 않는다
-
본문 86쪽

'메주'는 된장, 고추장을 만들 때 쓰는 재료로, 콩으로 만듭니다. 즉 콩으로 메주를 만드는 것은 아주 당연한 일입니다. 따라서 콩으로 메주를 쑨다 해도 곧이듣지 않는다는 것은 '아무리 사실대로 말해도 믿지 않는다.'라는 뜻입니다.

예 만날 거짓말만 하는 네 말은 이제 콩으로 메주를 쑨다 해도 곧이듣지 않을 것이다.

일거양득

본문 14쪽

하나	일 (一)
들다	거 (擧)
둘	양 (兩)
얻다	득 (得)

이 한자 성어는 '한 가지 일을 하여 두 가지 이익을 얻는다.'라는 뜻입니다. 옛날에 호랑이 두 마리가 소 한 마리를 두고 싸우고 있었습니다. 이를 보고 힘이 센 장사가 호랑이를 잡으려 하자 한 아이가 말렸습니다. 호랑이 둘이 싸우다가 한 마리는 죽게 되고 한 마리는 다칠 것이니 그때 두 마리를 모두 잡으라는 것입니다. 아이의 말처럼 호랑이들의 싸움이 끝나고 장사는 호랑이 두 마리를 쉽게 잡을 수 있었습니다.

예 줄넘기는 건강에도 좋고 재미도 있어서 일거양득(一擧兩得)이다.

지록위마

본문 38쪽

가리키다	지 (指)
사슴	록 (鹿)
만들다	위 (爲)
말	마 (馬)

이 한자 성어는 '사슴을 가리켜 말이라고 한다.'라는 뜻으로 '허위 사실을 끝까지 우겨서 남을 속이거나 궁지로 몰아넣다.'라는 의미입니다. 옛날에 황제 대신 권력을 쥔 승상이 있었습니다. 승상은 신하들에게 사슴을 가리키며 "이것은 말이다."라고 우겼습니다. 승상의 권력을 두려워한 신하들은 "말이 맞소."라고 했지만, 몇몇 신하들은 "그것은 말이 아니라 사슴이오."라고 했다가 목숨을 잃었습니다. 그 후로 승상의 뜻을 거스르는 사람은 없었다고 합니다.

예 자신의 잘못을 숨기는 데 급급해 지록위마(指鹿爲馬)하지 말고 진실을 말해야 한다.

백년대계

본문 42쪽

일백	백 (百)
해	년 (年)
크다	대 (大)
꾀하다	계 (計)

이 한자 성어는 '먼 앞날까지 미리 내다보고 세우는 크고 중요한 계획'이라는 뜻으로, 당장에 필요한 방안만 생각하기보다 앞일을 미리 준비하여 방법이나 계획을 세우는 것을 말합니다. 흔히 교육을 두고 나라의 '백년대계'라고 하는데, 교육이란 나라와 사회를 이끌어 갈 미래의 인재를 기르는 일이기 때문에 먼 훗날까지 내다보아야 한다는 뜻입니다.

예 교육은 한 나라의 미래를 결정하는 백년대계(百年大計)이다.

환골탈태

본문 86쪽

바꾸다	환 (換)
뼈	골 (骨)
벗다	탈 (奪)
태	태 (胎)

이 한자 성어는 '뼈를 바꾸고 태를 벗다.'라는 뜻으로, '사람이 보다 나은 방향으로 변하여 전혀 딴사람처럼 되다.'라는 뜻입니다. 옛날 중국의 한 시인은 다른 사람의 시를 함부로 사용하지 않고, 다른 시들을 완전히 자기 것으로 만든 뒤에 자신만의 새로운 시를 만들어 냈습니다. 이처럼 시나 문장이 다른 사람의 손을 거쳐 완전히 새로워졌을 때도 이 한자 성어를 사용합니다.

예 환골탈태(換骨奪胎)라더니, 열심히 운동을 해서 몰라보게 달라졌구나!

memo